前言

PREFACE

林正亨，这位传奇式的人物，在抗日战场上出生入死，为报效祖国忠贞不屈，在风华正茂的35岁即壮烈牺牲，爱国之心可歌可泣，英雄事迹青史流芳。滋养他的雾峰林家有“台湾第一家族”之称，自1746年林石从福建只身渡台开荒拓土，历经200多年发展传承，被海峡两岸史学家公认为清末民初台湾最具影响力的家族。雾峰林家几代人为祖国的统一富强前仆后继，奋不顾身，爱国至诚，其中不少人的事迹彪炳史册，被后人传颂。

林正亨生于1915年8月，是雾峰林家第八代传人，曾是雾峰林家下厝族长。其父林祖密是日本侵占台湾时期第一个放弃日本国籍恢复中国国籍的台胞，同时捐出大部分家产支持孙中山的护法战争；祖父林朝栋曾在清末台湾巡抚刘铭传领导下抗击入侵台湾的法国侵略军，后获封统领全台营务；堂叔祖林献堂成立台湾文化协会，抵制日本殖民者“去中国化”政策，在岛内保留下中华民族文化之根，被誉为日据时期“台湾第一人”。

而林正亨以他独特的魅力和光辉的一生成为雾峰林家的一面旗帜，正如一位人物传记作家所说：“是林正亨引起了我对雾峰林家的好奇和敬佩，是林正亨让我知道了在这个世界上还有着如此一个辉煌而血性刚强的大家族。”

林正亨承袭了祖父辈的武德遗风和爱国爱乡的精神，以自己的青春热血和年轻生命谱写了一部荡气回肠、感人肺腑的传奇。

他的传奇，在于他不变的报国激情——

1937年，日军悍然入侵，祖国硝烟四起，为抗日救国，身在日本殖民地台湾的林正亨毅然放弃了他钟爱的美术学业，只身来到大陆报考前身为黄埔军校的南京中央陆军军官学校，1939年毕业后，被派往三十六军军部当见习官，旋即奔赴战场。在他英姿飒爽的戎装照背后，林正亨写道：“戎装难掩书生面，铁石岂如壮士心，从此北骋南驰戴日月，衣霜雪。笑斫倭奴头当球，饥餐倭奴肉与血，国土未复时，困杀身心不歇！”这样的报国激情贯穿了林正亨的整个人生，收复国土、祖国统一成为他万死不辞的目标。

他的传奇，在于他不倒的民族气概——

1944年7月，救国心切的林正亨告别有孕在身的爱妻和蹒跚学步的幼子，参加了赴缅抗战的远征军并被任命为步兵团指挥连连长。1945年春天，在与日军的殊死搏斗中，林正亨所在连队的官兵大部分壮烈牺牲。子弹打光后，他以一敌八与日军肉搏，刺倒几个鬼子后，他身负十六处重伤昏死过去。尽管后来被送进战地医院抢救，历经两次手术终于死里逃生，但他的两手伤了筋，已成半个残废人。就是用这样几近残废的手，林正亨给母亲写下一封家书：“我的残废不算什么，国家能获得胜利强盛，故乡同胞能获光明和自由，我个人粉身碎骨也是值得。”

他的传奇，在于他不屈的革命精神——

1946年，林正亨秘密加入中国共产党，并在中共台湾省工委的领

林正亨画传

纪念革命烈士林正亨诞辰100周年

台盟中央宣传部 编

台海出版社

图书在版编目（C I P）数据

林正亨画传 / 台盟中央宣传部编. -- 北京 : 台海出版社, 2015.1
（台湾历史系列丛书）
ISBN 978-7-5168-0563-3
Ⅰ. ①林… Ⅱ. ①台… Ⅲ. ①林正亨（1915～1950）—传记—画册 Ⅳ. ①K825.2-64
中国版本图书馆CIP数据核字(2015)第010690号

林正亨画传　　台湾历史系列丛书

编　　者：台盟中央宣传部

丛书策划：马　铁　　丛书主编：吴艺煤
本书顾问：林义旻　　本书统筹：陈雅琼
责任编辑：姜　航　　装帧设计：天下书装
版式设计：唐嫣荣　　责任印制：蔡　旭

出版发行：台海出版社
地　址：北京市朝阳区劲松南路1号　　邮政编码：100021
电　话：010－64041652（发行，邮购）
传　真：010－84045799（总编室）
网　址：http://www.taimeng.org.cn/thcbs/default.htm
E-mail：thcbs@126.com

经　销：全国各地新华书店
印　刷：联城印刷（北京）有限公司
本书如有破损、缺页、装订错误，请与本社联系调换

开　本：720×1020　1/16
字　数：120千字　　印　张：10
版　次：2015年5月第1版　　印　次：2016年5月第2次印刷
书　号：ISBN 978-7-5168-0563-3

定　价：66.00元

导下带领二十几名台籍青年回台开展工人运动。1947 年 2 月 28 日，林正亨参加了震惊中外的台湾人民“二二八”起义，并筹备武装抗争，之后加入了在香港成立的台湾民主自治同盟。1949 年 8 月 18 日凌晨，新中国成立前夕，林正亨在台北家中被捕。国民党当局许诺只要他肯“悔过”即可释放出狱，但林正亨不为所动。1950 年 1 月 30 日，林正亨在台北马场町就义。行刑前，他“祖国万岁！人民万岁！”的大无畏呼号地动山摇，响彻云霄。他是第一个被判死刑、血溅台北马场町刑场的台湾人。这位身上带着刺刀枪弹伤痕、九死一生的抗日英雄，就这样死在国民党当局的枪口下，走完了他不满 35 岁的短暂人生。

1950 年 1 月 31 日的《参考消息》以《匪残杀“台湾民主自治同盟”盟员二名》报道了林正亨和另一台盟盟员被枪决的消息。林正亨英勇就义后，台盟十分关心他的妻子和孩子，台盟首任主席谢雪红亲自写信协助解决林正亨的抚恤、子女的抚养问题。1950 年 4 月 2 日，谢雪红在给台盟华北支部的信中写道：“林正亨同志系我盟盟员，他二个孩子无处可归，既已从港到京，请（台盟总部）驻京办事处请求中央统战部设法安置林同志家属（二孩子），可找中央统战部鲁明（编者注：林正亨妹夫）同志打听孩子的住所。”林正亨的妻子沈毅到北京后被组织安排到台盟总部工作，1954 年她担任了台盟主席谢雪红的秘书。

1983 年，中华人民共和国民政部颁发《革命烈士证明书》，追认林正亨为革命烈士。林正亨身上不变的报国激情、不倒的民族气概、不屈的革命精神，集中体现了使中华民族几千年来虽历经磨难仍能不断崛起、长久地屹立于世界民族之林的优秀品质和精神源泉。

台湾民主自治同盟因有林正亨这样一位盟员而骄傲！他“只觉同胞遭苦难，敢将赤手挽狂澜”的精神感动和影响了一代代盟员，爱国爱乡的优良传统薪火相传，台盟涌现出许许多多在工作岗位上兢兢业业，在议政建言上履职尽责，为祖国繁荣发展和促进两岸和平统一做出积极贡献的盟员。

台湾人民因有林正亨这样的杰出代表而自豪！海峡两岸对雾峰林家高度关注，台湾人民大力重建雾峰林家花园，使这个孕育出林正亨等民族楷模的美丽庄园成为了解台湾文化历史、感受两岸血脉相连的必访之地。

2015 年是林正亨诞辰 100 周年，在这个值得纪念的日子，我们精心选取林正亨及其家人各个时期的代表图片，编撰成册，再现台籍革命烈士林正亨奋勇抗战、直到为建立新中国壮烈牺牲的光辉一生，这也是包括台湾人民在内的全体中国人民抗击外来侵略、反对国民党腐败专制的缩影。我们希望，通过林正亨的事迹，激励千千万万中华儿女的爱国心、报国情、强国梦，让两岸同胞携手并肩，贯彻“两岸一家亲”理念，共同为实现祖国和平统一和中华民族伟大复兴贡献力量！

谨以此书，向革命烈士林正亨致以深深的敬意！

编 者

2015 年 3 月于北京

目录

林正亨生平

林正亨，中国共产党党员，台湾民主自治同盟盟员。字克忍，台湾台中人，1915年8月出生在厦门市鼓浪屿三丘田林公馆，是著名爱国志士林祖密将军之子，台湾名门望族雾峰林家的第八代传人。

1937年卢沟桥事件爆发，抗日烽火燃遍祖国大地，受家族影响，林正亨为抗日救国而放弃了钟爱的美术学业，报考南京中央陆军军官学校（前身为黄埔军校）。1939年毕业后，任国民革命军三十六军军部见习军官。1940年1月，随部队赴广西昆仑关与日军作战。1944年加入赴缅抗战的远征军，任远征军步兵团指挥连连长，在缅中战役中，身负重伤，被列为编外并遣回云南“疗养”。

林正亨费尽周折回到重庆寻找妻子，并与八路军驻重庆办事处建立联系，又经亲戚鲁明（中共党员）介绍，参加了朱学范领导的“中国劳动协会”，积极投身工人运动，常去朝天门码头组织工人开展斗争。他的思想发生了重要转变，并领悟到中国的未来寄托在中国共产党身上。

1946年，林正亨秘密加入中国共产党，受劳动协会委托，带领二十几名台籍青年回台开展工人运动。1947年2月28日，林正亨参加了震惊中外的台湾人民反对国民党腐败统治的“二二八”起义，组织工人纠察队，维护社会治安，并筹备武装抗争，之后加入了在香港成立的台湾民主自治同盟。回台后秘密组织读书会，发行进步刊物《综合文摘》和《和平文献》，宣传台盟主张。以开鞋店为掩护，协助中共地下党建立秘密交通站。1949年8月18日凌晨，在台北家中被捕，1950年1月30日，林正亨在台北马场町被当局杀害，用生命诠释了他所说的：“国家能获得胜利强盛，故乡同胞能获光明和自由，我个人粉身碎骨也是值得。”

1983年，中华人民共和国民政部颁发《革命烈士证明书》，追认林正亨为革命烈士。

南京中央陆军军官学校毕业后赴昆仑关作战前留影

赴昆仑关作战前寄给妹妹林冈的照片

林正亨赴缅抗日出国前送其妹林冈的照片

1947 年，“二二八”起义失败后，为躲避国民党追捕，重新住院开刀

林正亨赴前线之前看望贵州铜仁三中的妹妹林冈

1942年年底，林正亨和妻子沈保珠（后改名沈毅）
及长子晶郎（后改名林义旻）在重庆合影

第一章 传奇的家族

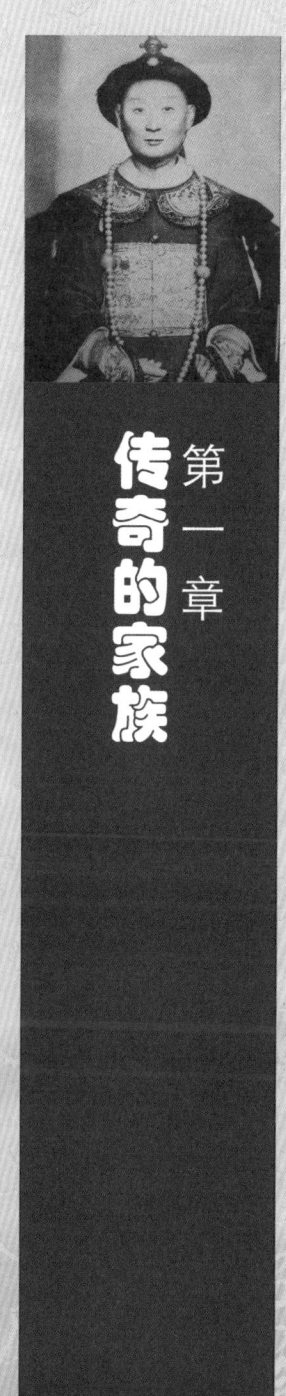

林正亨是雾峰林家的第八代传人。台湾雾峰林家，自 1746 年林石从福建只身渡台开荒拓土，历经二百余年，发展成为台湾首屈一指的名门望族，被海峡两岸史学家公认为清末民初台湾最具影响力的家族，是台湾近代史的缩影。

林正亨曾祖父林文察，官至清朝福建陆路提督兼水师提督，因屡立战功，清政府赠太子少保，赐谥刚愍，诰授振威将军，并赏骑都尉世袭，并准建专祠；祖父林朝栋，曾在清末台湾巡抚刘铭传领导下抗击入侵台湾的法国侵略军，并协助办理新政，因抗击侵台法军、开拓台湾有功，清政府钦加二品顶戴，赐穿黄马卦，统领全台营务；父亲林祖密，是日本侵占台湾时期第一位放弃日本国籍恢复中国国籍的台胞，同时捐出大部分家产支持孙中山的护法斗争，1918 年 1 月，孙中山先生委任他为国民革命军闽南军司令；堂叔祖林献堂，倡导台湾抗日民族运动，以汉人本位的思想（一生不说日语、不穿木屐，坚持汉民族的传统生活方式），从事对日本人的抗争，是位有道德勇气与使命感的民族运动先驱，被台湾史学界称为日据时代“台湾第一人”，是台湾日据时代非武装抗日的杰出领导人。

台湾地区领导人马英九曾高度评价林家祖先林朝栋、林祖密、林献堂等民族英雄主义精神，题写了“三代民族英雄，百年台湾世家”的牌匾；更在雾峰林家花园种下一株樱花树，以示留念。

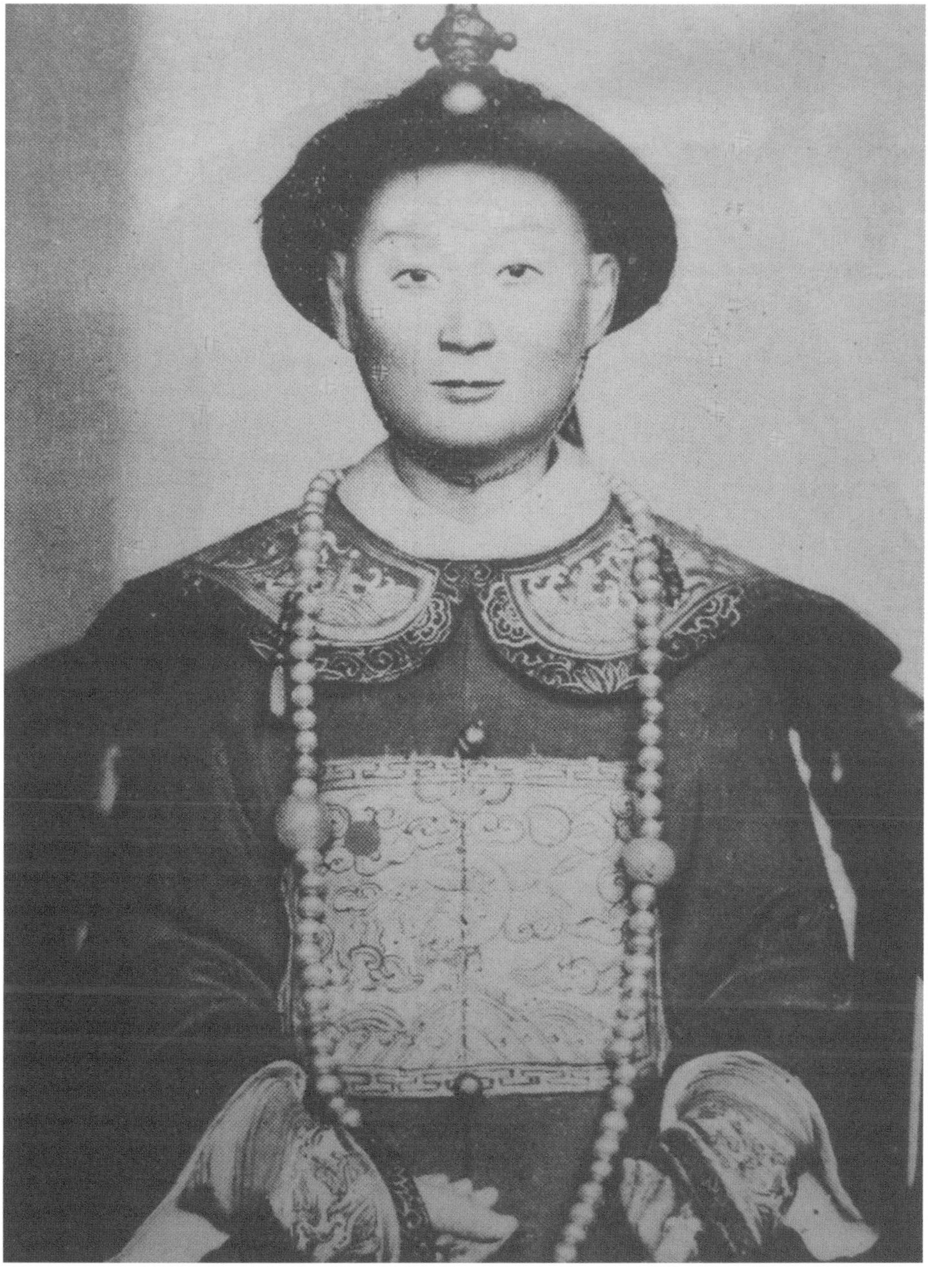

▲林正亨的曾祖父林文察是清朝一品官，太子少保衔，福建陆路提督兼水师提督

正是秉持了家族的固有本色，林正亨承袭了祖父辈的武德遗风和爱国爱乡的精神，以自己年轻的生命、青春热血谱写了一曲荡气回肠、感人肺腑的动人篇章。

▶林正亨的祖父林朝栋将军是台湾“栋军”领导人，曾带兵打败侵台法军

▼林正亨祖母杨水萍在基隆狮球岭保卫战中，带兵解救丈夫林朝栋，击退法军，被清政府敕封“一品诰命夫人”

▶1909年，雾峰林家下厝族长林祖密（中排右三）和一品夫人杨水萍（中坐者）及全家人在厦门鼓浪屿林公馆合影，大人、孩子也都穿世袭官服

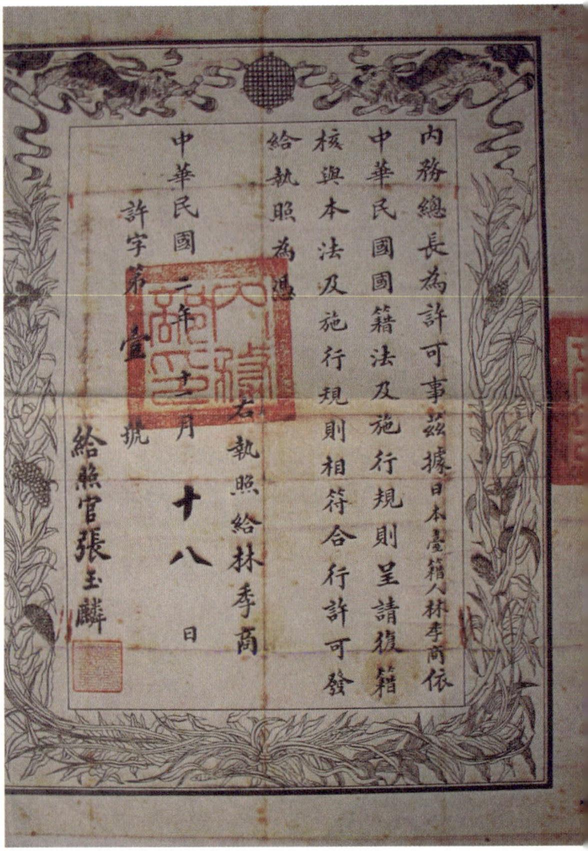
內務總長為許可事茲據日本臺籍人林季商依
中華民國國籍法及施行規則呈請復籍
核與本法及施行規則相符合行許可發
給執照為憑
右執照給林季商
中華民國二年十二月十八日
許字第壹號
給照官張玉麟

▲1915 年，林祖密与 68 岁的母亲杨水萍合影

▲1913 年，国民政府内务总长核发林季商（林祖密）恢复中国国籍的第一号许可执照

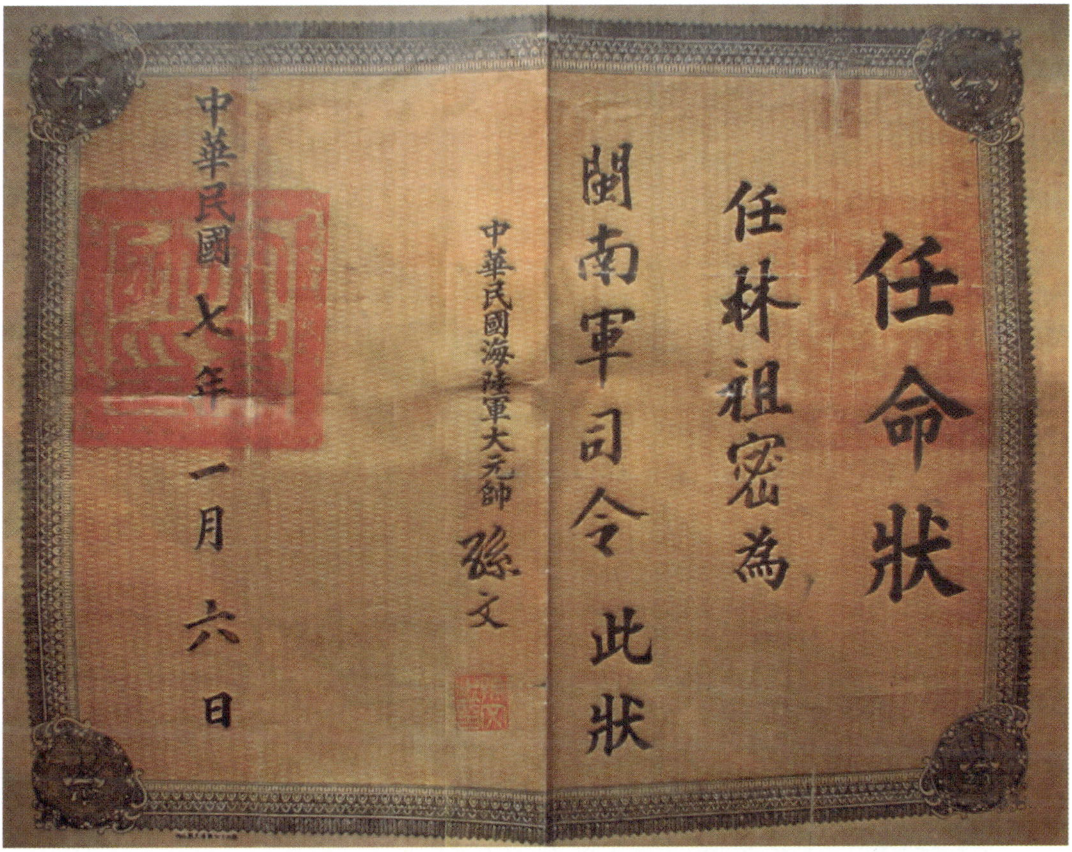
任命狀
任林祖密為
閩南軍司令 此狀
中華民國海陸軍大元帥 孫文
中華民國七年 一月 六日

▲1918 年，孙中山先生任命林祖密为国民革命军闽南军司令，此为委任状

◀ 林正亨父亲林祖密荣升闽南军司令后的戎装照

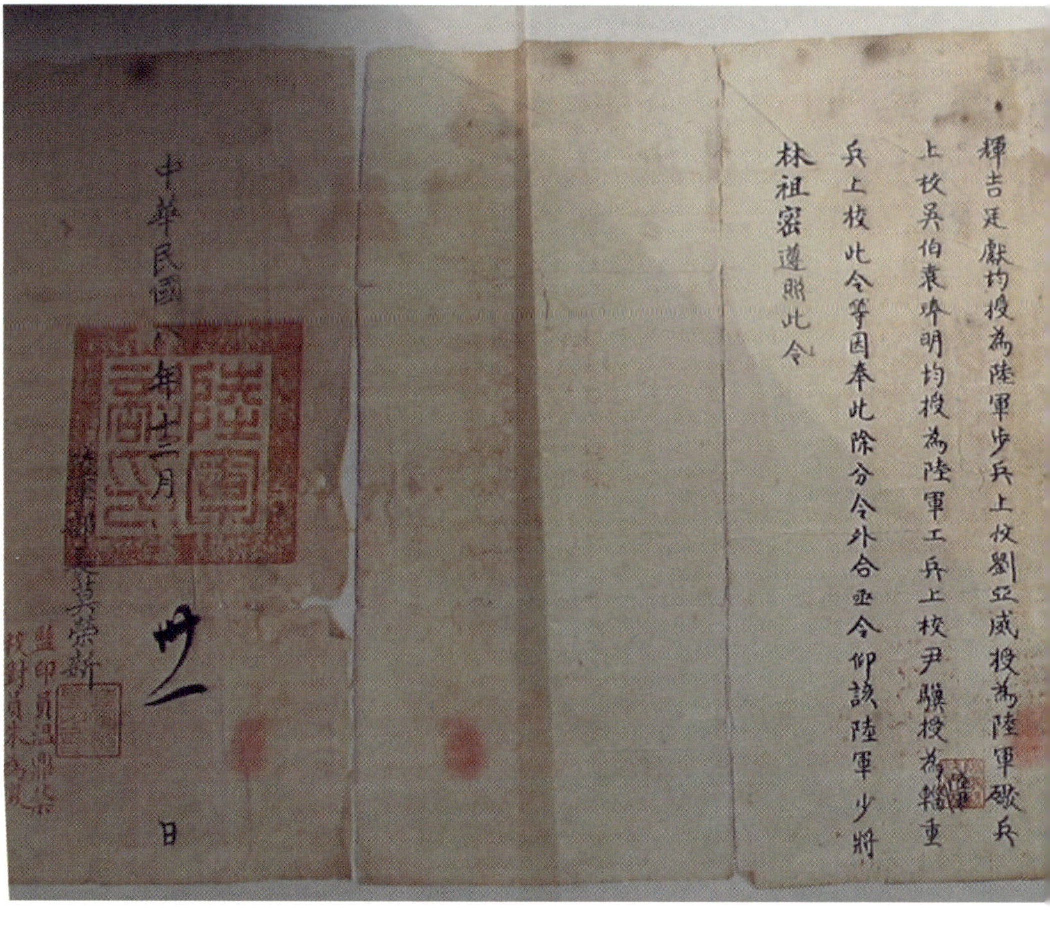

輝吉廷獻均授為陸軍步兵上校劉立威授為陸軍砲兵
上校吳伯袁堉明均授為陸軍工兵上校尹驥授為輜重
兵上校此令等因奉此除分令外合亟令仰該陸軍少將
林祖密遵照此令

中華民國　年十二月　日

▼1919 年，孙中山授予林祖密国民革命军陆军少将军衔的任命书，同时任命的还有蒋中正

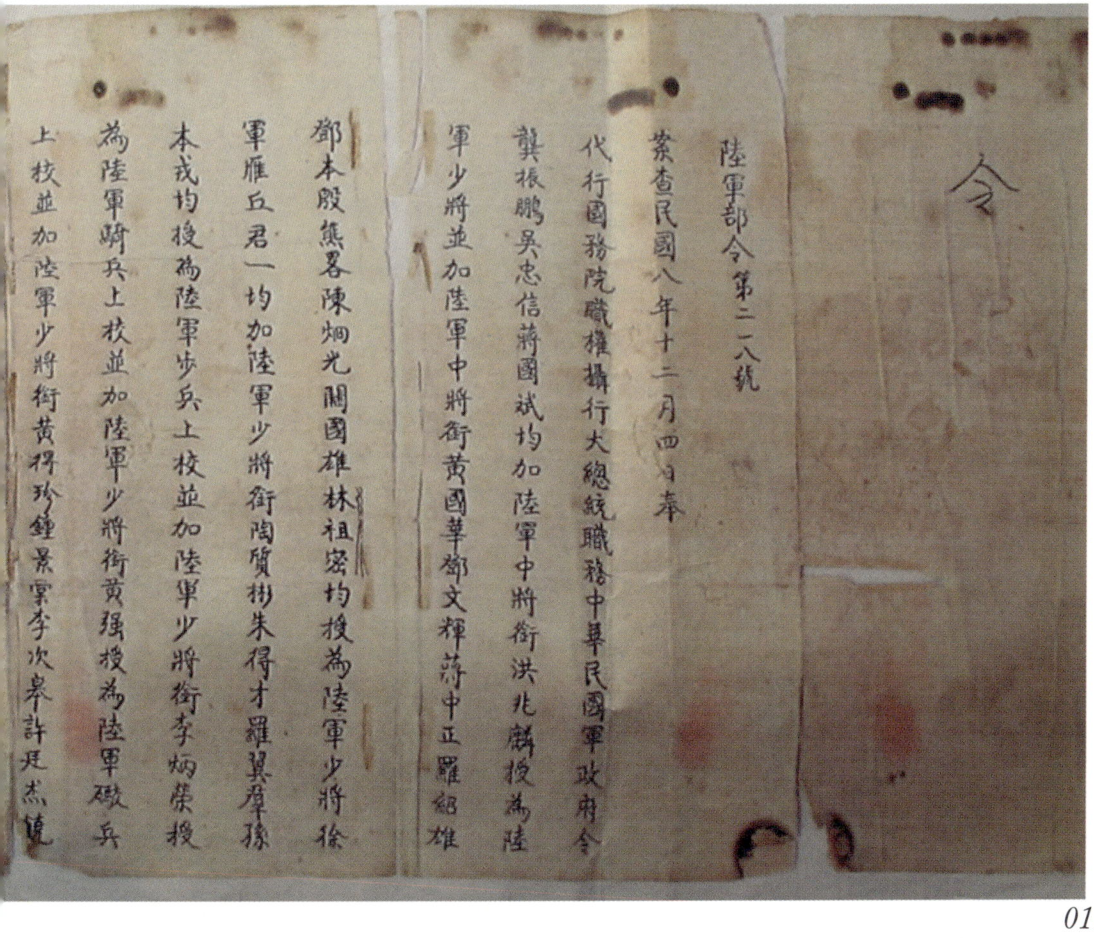

令

陸軍部令第二一八號

案查民國八年十二月四日奉

代行國務院職權攝行大總統職務中華民國軍政府令

龔振鵬吳忠信蔣國斌均加陸軍中將銜洪兆麟授為陸

軍少將並加陸軍中將銜黃國華鄧文輝蔣中正羅紹雄

鄧本殷熊略陳炯光關國雄林祖密均授為陸軍少將徐

軍雁丘君一均加陸軍少將銜陶質彬朱得才羅翼群孫

本戎均授為陸軍步兵上校並加陸軍少將銜李炳榮授

為陸軍騎兵上校並加陸軍少將銜黃強授為陸軍礮兵

上校並加陸軍少將銜黃得珍鍾景棠李次皋許廷杰

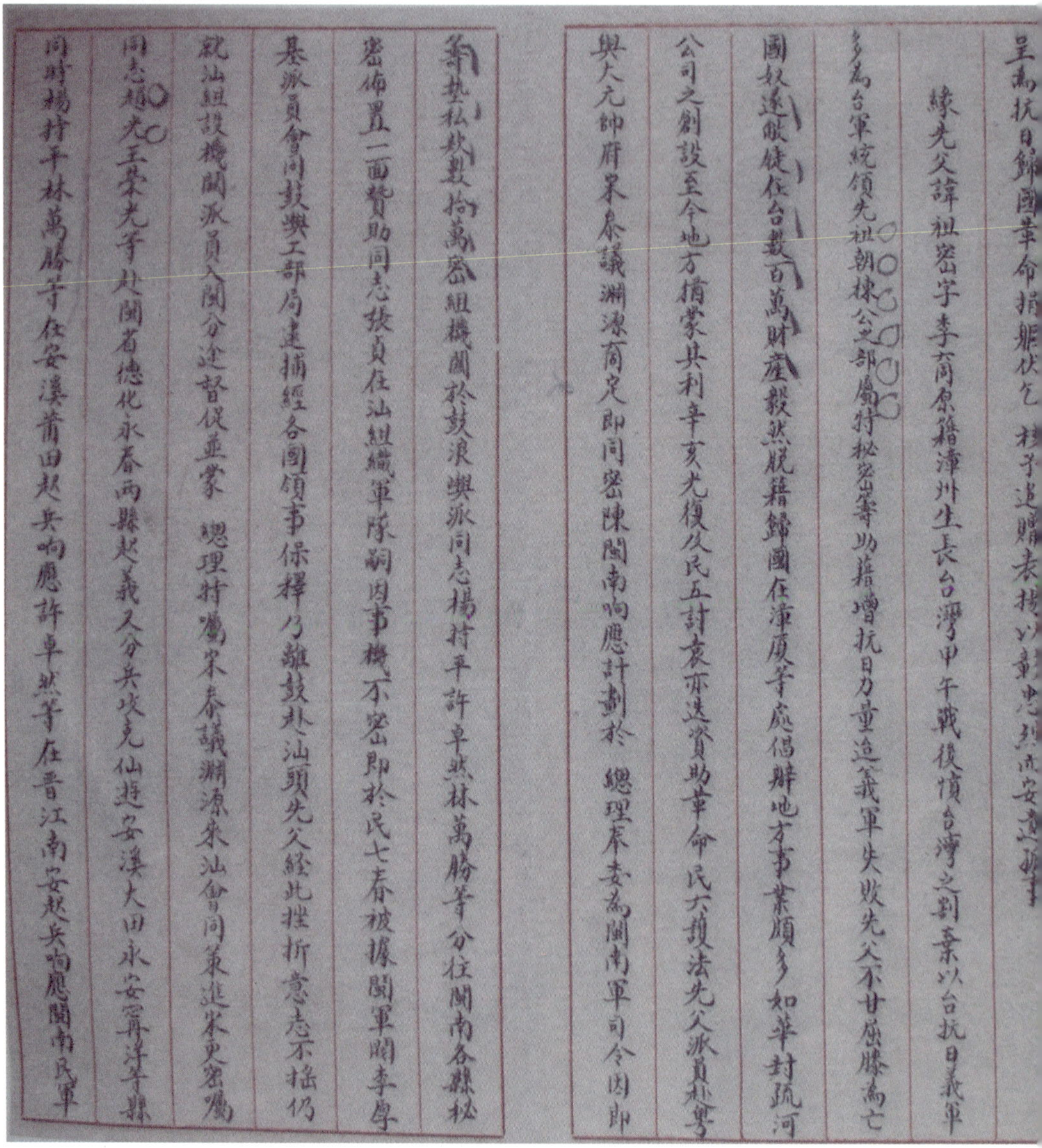
呈為抗日歸國革命捐軀伏乞 核予追贈表揚以彰忠烈而安遺孤事
緣先父諱祖密字季商原籍漳州生長台灣甲午戰後憤台灣之割棄以台抗日義軍
多為台軍統領先祖朝棟公之部屬特秘密籌助藉增抗日力量迨義軍失敗先父不甘屈膝為亡
國奴遂敝徙在台數百萬財產毅然脫籍歸國在漳廈等處倡辦地方事業頗多如華封疏河
公司之創設至今地方猶蒙其利辛亥光復及民五討袁亦送資助革命民六護法先父派員赴粵
與大元帥府宋參議淵源商定即同密陳閩南響應計劃於 總理奉委為閩南軍司令因即
籌墊私款數拾萬密組機關於鼓浪嶼派同志楊持平許卓然林萬勝等分往閩南各縣秘
密佈置一面贊助同志拔貞在汕組織軍隊嗣因事機不密即於民七春被擄閩軍閥李厚
基派員會同鼓浪嶼工部局逮捕經各國領事保釋乃離鼓赴汕頭先父經此挫折意志不搖仍
就汕組設機關派員入閩分途督促並策 總理特囑宋參議淵源來汕會同策進宋更密囑
同志趙○先○王榮光等赴閩省德化永春兩縣起義又分兵攻克仙遊安溪大田永安寧洋等縣
同時楊持平林萬勝等在安溪莆田起兵響應許卓然等在晉江南安起兵響應閩南民軍

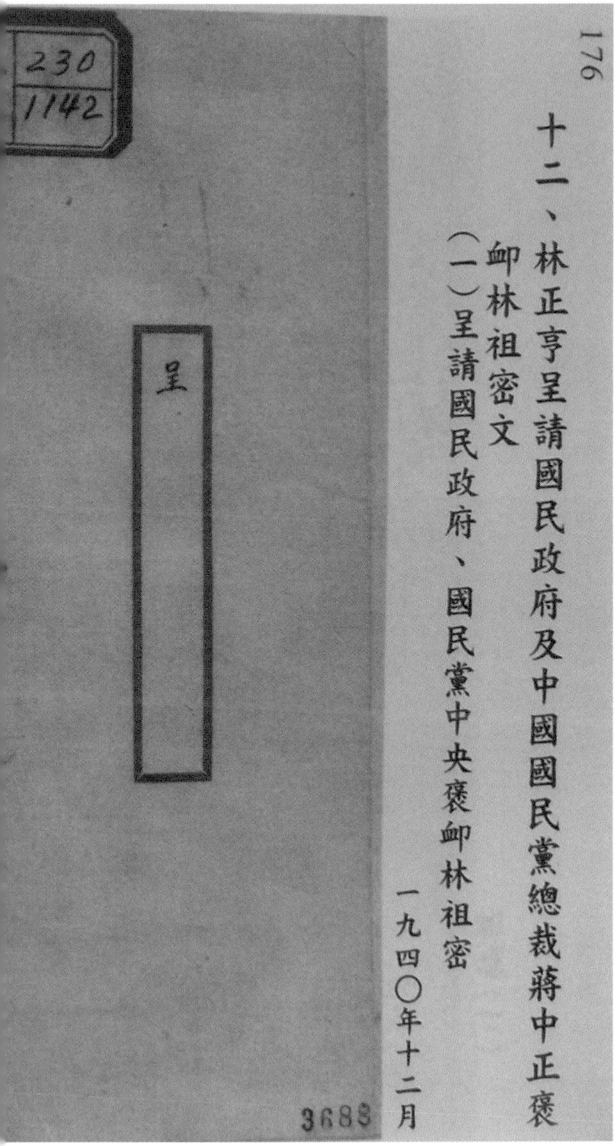
176

十二、林正亨呈請國民政府及中國國民黨總裁蔣中正褒卹林祖密文

(一)呈請國民政府、國民黨中央褒卹林祖密

一九四〇年十二月

230/1142

呈

3688

◀1940 年 12 月，林正亨呈请国民政府及中国国民党总裁蒋中正褒卹林祖密文（1）

▶ 1940 年 12 月，林正亨呈请国民政府及中国国民党总裁蒋中正褒卹林祖密文（2）

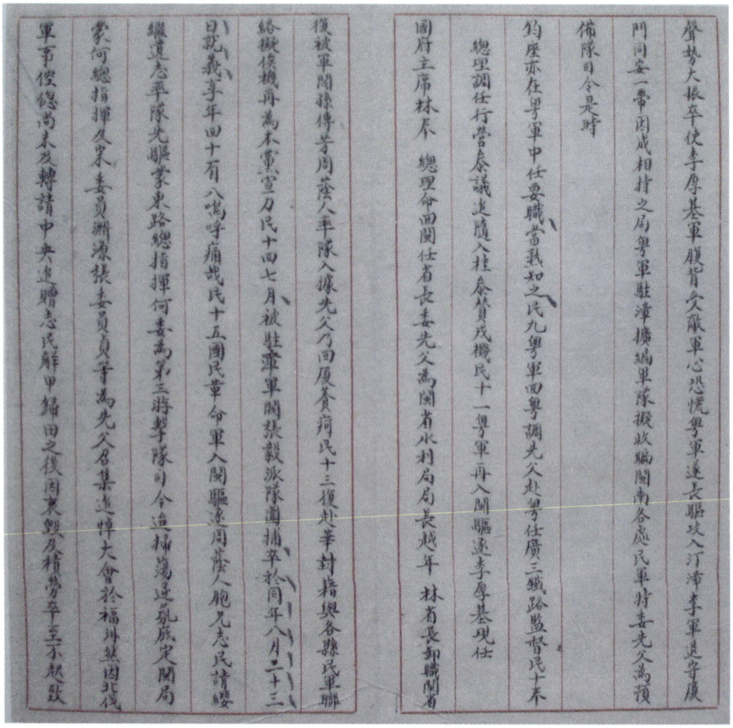

聲勢大振卒使李厚基軍腹背受敵軍心恐慌粵軍遂長驅攻入汀漳李軍退守廈
門同安一帶因成相持之局粵軍駐漳擴編軍隊擬收編閩南各處民軍特委先父為預
備隊司令是時
鈞座亦在粵軍中任要職當熟知之民九粵軍回粵調先父赴粵任廣三鐵路監督民十奉
總理調任行營參議遂隨入桂參贊戎機民十一粵軍再入閩驅逐李厚基現任
國府主席林森 總理命回閩任省長委先父為閩省水利局局長越年 林省長卸職閩省
復被軍閥孫傳芳周蔭人率隊入據先父乃回廈養病民十三復赴莆華封籍興各縣民軍聯
絡擬俟機再為本黨宣力民十四七月被駐漳軍閥張毅派隊圍捕卒於同年八月二十三
日就義享年四十有八嗚呼痛哉民十五國民革命軍入閩驅逐周蔭人胞兄志民請纓
繼遺志率隊先驅蒙東路總指揮何委為第三縱隊司令追擒逆黨底定閩局
蒙何總指揮及宋委員淵源張委員貞等為先父召集追悼大會於福州繼因北伐
軍事倥傯尚未及轉請中央追贈志民解甲歸田之後因東顛及積勞卒至不起致

▶ 1940 年 12 月，林正亨呈请国民政府及中国国民党总裁蒋中正褒卹林祖密文（3）

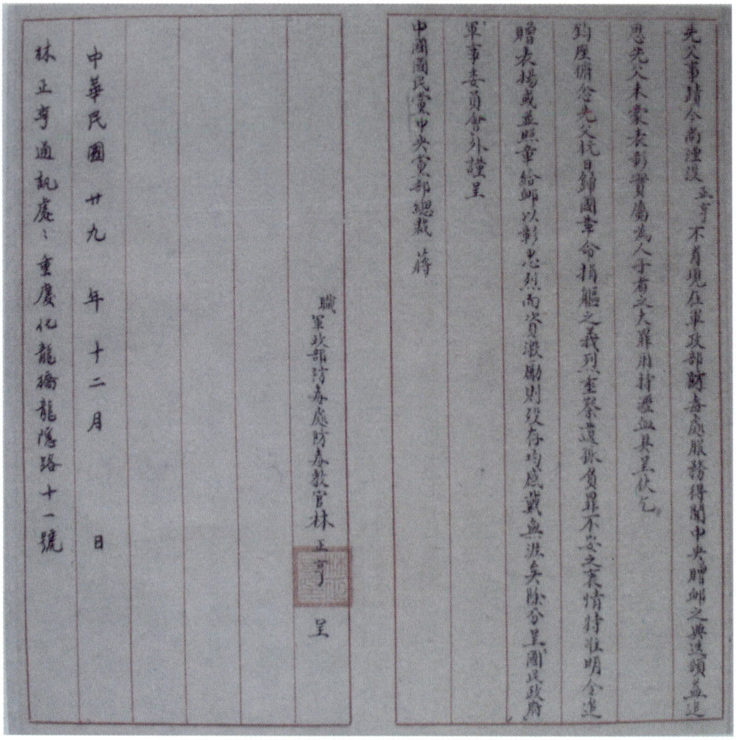

先父事蹟今尚湮沒 正亨不肖現在軍政部防毒處服務得聞中央贈卹之典迭頒益追
思先父未蒙表彰實屬為人子者之大罪用特瀝血具呈伏乞
鈞座俯念先父抗日歸國革命捐軀之義列入查案遺孤負罪不安之衷情特准明令追
贈表揚並照章給卹以彰忠烈而資激勵則歿存均感戴無涯矣除分呈國民政府
軍事委員會外謹呈
中國國民黨中央黨部總裁 蔣
職軍政部防毒處防毒教官林正亨 呈
中華民國廿九年十二月 日
林正亨通訊處：重慶化龍橋龍隱路十一號

▲林正亨的堂叔祖林献堂，是日据时代台湾非武装抗日的领袖

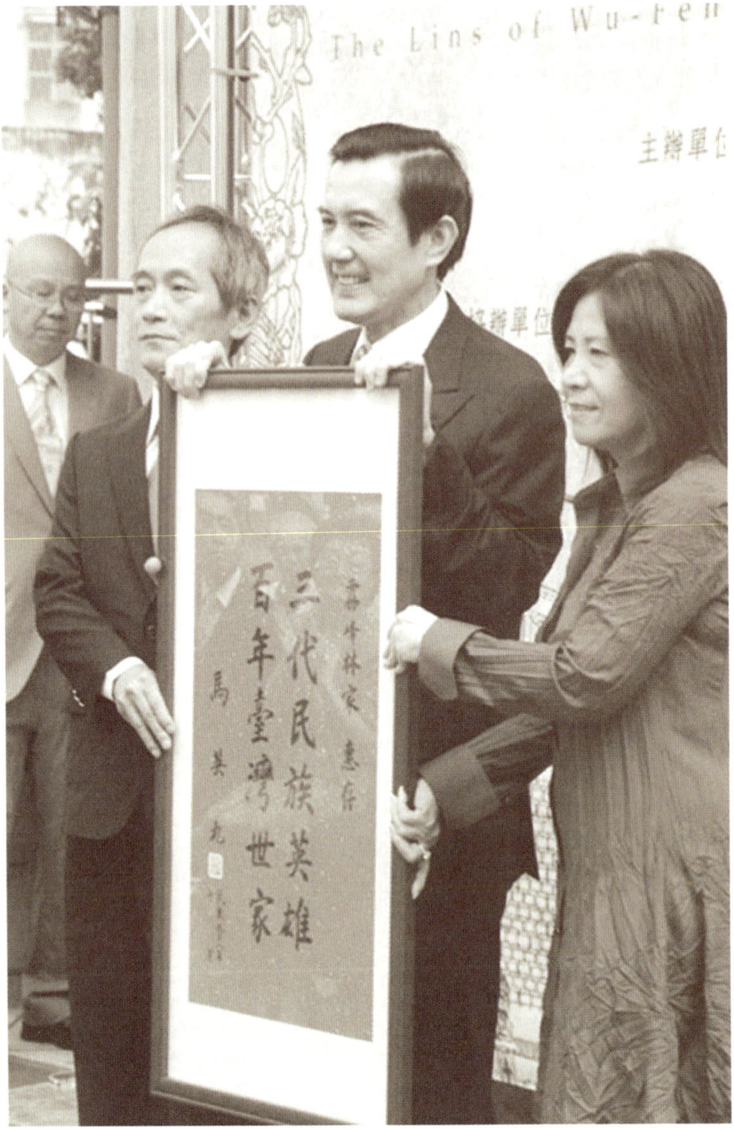
霧峰林家 惠存
三代民族英雄
百年臺灣世家
馬英九

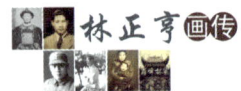

▲台湾地区领导人马英九题写“三代民族英雄，百年台湾世家”的匾额

第二章 投身抗战军旅

▲林正亨父亲林祖密和母亲郭玲瑜（右）在厦门合影

林正亨，字克忍，是林祖密第三房夫人郭玲瑜的大儿子，九子中排行第五，1915 年 8 月出生在厦门市鼓浪屿三丘田林公馆。

1925 年 8 月 24 日，林祖密在闽南遭反动军阀捕杀。由于他生前将大部分财产捐给国民革命运动，以及开发建设闽南的爱国事业，待他牺牲后，全家的生活顿时陷入困境。那时由于生活困难，家里人不得不将林正亨寄养在福州的朋友家里读书。有时生活费和学费不能按时寄去，他小小年纪便时常遭到白眼和闲话。最后，福州的朋友干脆以“打架用刀捅人”的谣言，将他打发回鼓浪屿。一直要强的母亲，听到这些“劣迹”，一边伤心哭着，一边拿着鸡毛掸子追打他。正亨绕着圆桌与母亲周旋，哭诉这不是事实，是为赶走他而造的谣言。母子俩相拥而泣，一起品味着世态炎凉的苦涩。母亲不再送他去福州读书，而是省吃俭用供他在厦门读艺术专科学校。后来，林正亨以优异成绩从艺专毕业，他的油画习作受到老师们的高度评价。

林正亨因为受母亲郭玲瑜的影响，读书非常认真。郭玲瑜原就读于厦门集美师范专科学校，与林祖密一见钟情。婚后育有林双吉、林正亨、林双盼（后改名林冈）、林双祝、林正利（又名林水）、林正宏（又名林正宽）等孩子。丈夫林祖密牺牲后，她带着孩子们回到了台湾。之后，她到过北京、加拿大等地。1980 年她平静地告别了这个世界。

林正亨喜欢读书，且多才多艺。他的身上遗传了父亲和母亲的基因，他不光崇尚读书，对习武也感兴趣，更有一颗爱国之心。

▲林正亨弟弟林水在日本请画家为母亲郭玲瑜画的肖像画

林祖密牺牲后，鼓浪屿林公馆的生活日不敷出，母亲郭玲瑜不得不带着孩子们迁回台湾台中县雾峰林家，林正亨则一直在外求学，直到1934年他19岁才回到台湾。林家上厝族长林献堂也兼任下厝族长，对林祖密的后代百般照顾。1932年，林献堂大儿子林攀龙在林家创立了文化会社组织“一新会”。林正亨也加入了“一新会”，他和家人一起读华文书籍，并在“一新会”于雾峰大花厅主办的“纳凉会”中，与林家孩子林双意、林金生、林金昆、林紫薇一起演出反映底层民众生活的压轴话剧“夕归”，使家族内出现新气象。

▶1917年，林正亨两岁时在厦门留影

▲林正亨 15 岁上学时的留影

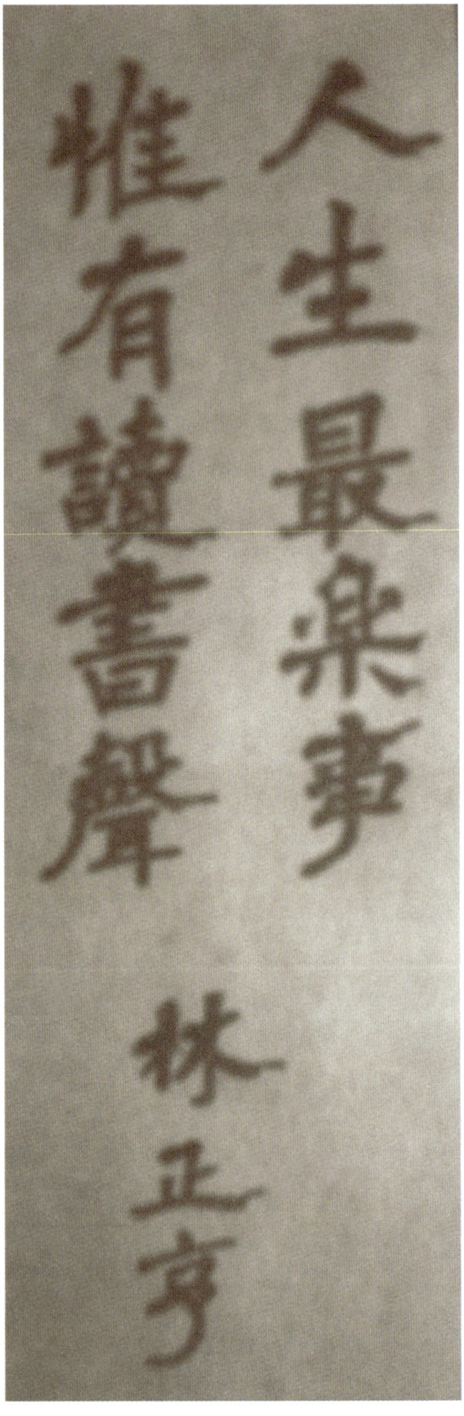

▶林正亨在台湾雾峰林家“一新会”的题词

林正亨在台湾待的时间并不长。在日本殖民统治下，台湾人过着低人一等的生活。他不喜欢日本人，不喜欢日本人统治下的台湾，然而母亲及家人都在那里，生活的基础也在那里，他不得不回台湾。1935年冬天，林正亨和朋友一起在酒楼吃饭，因时间较晚，遭日本宪兵的痛打。这种屈辱，令他决心离开台湾去祖国大陆谋生。因为从小喜欢美术，母亲就鼓励他去南京考美术专科学校。最疼爱他的母亲，通过“摇会”为他筹备了一笔学费。

▲1935年，林正亨母亲郭玲瑜与六子女在雾峰林家合影

▲青年林正亨

▲青年林正亨

1937年年初，日本侵略军已经占领了中国东北和华北。战争的乌云正笼罩着神州大地，每个爱国青年都想投入抗日行列。林正亨决定丢掉画笔，满怀爱国热情毅然报考南京中央陆军军官学校（前身为黄埔军校）。当时，他的志愿有两个，一个是空军航空兵，另一个是陆军防化兵。但航空兵的学员已经招满了，他只好报考防化兵。算起来林正亨是黄埔十五期毕业生。踏入军校，林正亨感觉自己充满了自信和勇气，他认为自己为国家效力的时机马上就到了。他埋头军事业务的学习，读书刻苦，要用优秀的成绩，早日为国分忧。

▲1936 年，林正亨在南京留影

▲ 1937 年，林正亨在南京大树根居住时留影

▲1937 年，在南京中央陆军军官学校留影

1937 年 10 月底，日本侵略军开始进攻上海，南京随之沦陷，南京陆军军官学校只好迁到汉口，接着又搬到长沙。1938 年，南京陆军军官学校又迁至重庆。

1939 年，林正亨终于在炮火和辗转迁校中从军校毕业，被派往国民革命军三十六军军部当见习军官。1940 年 1 月，林正亨随部队前往广西昆仑关与日军作战，他被派往九十六师参谋处任少尉军官。

▶1939 年，林正亨与大姐林双吉在长沙留影

▶林正亨赴前线之前看望贵州铜仁三中的妹妹林冈

▼南京中央陆军军官学校毕业后赴昆仑关作战前留影

在赴广西作战前夕，林正亨拍了一张戎装照片，照片上的他英姿勃勃，那时他还不知道自己今后命运如何，只有满腔热血和刚强的决心。

他在照片上写下了这样的文字：

戎装难掩书生面，

铁石岂如壮士心，

从此北骋南驰戴日月，

衣霜雪。

笑斫倭奴头当球，

饥餐倭奴肉与血，

国土未复时，

困杀身心不歇！

1939年12月4日，日军第五师团师团长命令该师团号称“钢军”的二十一旅团攻占了广西战略要地昆仑关。蒋介石调集十五万精锐部队，一百多架飞机反攻昆仑关，经半月激战，中国军队付出沉重代价后，全歼昆仑关守敌，收复了这个战略要地。

1940年1月初，日军第二十一军决定对昆仑关中国守军来一次突袭，企图再取昆仑关。他们从广东调军西进。1月中旬，日军大本营从关东军调来两个飞行中队参战。他们趁中国军队尚未部署完毕时，突然发动反攻，日军机群对中国守军狂轰乱炸，陆军同时对昆仑关进攻。由于中国军队后续部队没及时赶到，左右两翼暴露敌前。日军主力一周内连续攻陷了昆仑关西面的武鸣、恩陇；北面的宾阳、邹圩、上林等地，切断了昆仑关的后路，在清水河一带与守军对峙。这万分危急的形势，震撼了整个黔贵后方。

▶赴昆仑关作战前寄给妹妹林冈的照片

林正亨所属的部队与日军第五师团在昆仑关展开大战，战斗胶着，几天几夜无饭可吃，人员死伤很多。林正亨所在的九十六师参谋处，被日军重重包围。他带领情报排三十多名士兵，从日军围困中突围。战士们冒着枪林弹雨边打边撤。一颗颗炮弹在周围爆炸，子弹像炒豆般响个不停。突然，一发炮弹在林正亨身边炸开，弹片“当”地一声击中他的钢盔，钢盔左侧被击穿，留下一道裂口，幸好头部没有受伤，而几个战士已被弹片击中牺牲了。林正亨奋力跃起，带领战士们继续突围，他们整整打了四天四夜，才冲出日军的包围圈，这时全排三十多名战士只剩下十几个人了。

◀昆仑关战役

昆仑关战役后，林正亨随部队撤离到湖南休整。由于他在军校学过防毒技术，针对日军在战斗中常使用毒气，部队在决定组建消毒连时，林正亨被提拔为消毒连连长调往五十师。他每天教战士防毒知识，学习使用防毒器械，掌握防毒技术。1941 年，林正亨由于训练努力，被晋升为中尉。

1941 年 11 月，准备随部队开赴云南的林正亨接到未婚妻沈保珠的信，告知准备从印度尼西亚来中国与他完婚。接到这个消息，有情有义的林正亨非常高兴，虽然他为国家效力日夜拼杀在战场上，但他从未停止过对未婚妻的思念。

风华正茂的林正亨，对爱情同所有年轻人一样充满期盼与渴望。

他早就想与沈保珠结合，可不间断的战争让他无法过平静生活，在动荡的戎马生涯中，他只能服从大局，以国家利益为重。这次沈保珠回国与他完婚，真让他惊喜异常。他立即向所在军队领导打了报告，准备趁部队休整期间去重庆与未婚妻完婚。次年，林正亨回到重庆，在国民政府交通司任上尉副官，分派在总后勤部重庆汽车修配厂工作。

林正亨的未婚妻沈保珠祖籍福建诏安。1917 年 2 月 6 日出生在印尼苏门答腊岛的棉兰市。从她祖父时全家就移居到棉兰市。沈保珠父亲是当地有名的富商。

沈保珠非常爱读书，希望能在初中毕业后回祖国读高中。但沈保珠的父母不希望她到国内读书，而是想让她嫁给一个当地的富商。沈保珠反对父母的包办婚姻，从三十年代中期就开始了逃婚行动。她接连跑了三次，可前两次都被抓回。

1935 年 8 月，在二哥沈保池的帮助下，沈保珠终于逃出家，坐上了开往祖国的轮船。沈保珠从家中逃出来后，到北平找正在燕京工学院上学的大哥沈保庵，并考入北平市市立第一女子中学高中部。

沈保珠刚上了一学期课，沈保庵就大学毕业了。他被分配到甘肃省兰州市教书，而他最要好的同学林天祥被分配到南京汽车修配厂当技术员。沈保庵考虑到自己去兰州，把妹妹一个人扔在北平不放心，他就把妹妹带到南京上学，然后请林天祥照顾她。而林天祥的未婚妻正是林正亨的姐姐林双吉。

在南京，沈保珠认识了正准备报考南京中央陆军军官学校的林正亨。美丽浪漫的爱情拉开了序幕。

当时在南京学习的年轻人很多，包括林正亨和他的姐姐林双吉、妹妹林冈，还有沈保庵的同学谢渊敦等人，这些年轻人在南京大树根居民区合租了一处房子，共同生活，很快都熟悉了。不久活泼开朗的沈保珠便和林正亨成了要好的朋友。每天清晨，林正亨都要叫醒沈保珠，俩人沿着玄武湖跑步，潮湿温润的空气让他们心情舒畅。

日子一天天过去了，在这种无邪纯真的日子里，沈保珠与正亨建立了深厚的感情，虽然还不到谈婚论嫁的地步，但两个人的确是以兄妹相称了。在沈保珠少女的心中，英俊潇洒又会关心人的林正亨是她可依靠的人。

1937 年 7 月 7 日，日本军国主义发动了全面侵华战争。

1938 年夏天，沈保珠高中毕业回到了印尼。她虽然人回到了印尼，但心却飞向了四川，因为林正亨来信鼓励她继续到四川读大学。沈保珠与林正亨一直保持着书信来往，两人虽然不见面，但却有着很深的感情。

过着富裕生活的沈保珠在异国他乡日日思念着林正亨，而林正亨则在战火纷飞的国内读完了军校，全副武装开赴广西抗日战场，奋勇杀敌，连立战功，晋升为中尉连长。

1941 年，沈保珠趁大哥沈保庵回印尼探亲时，请求大哥做父母的工作，让她回国读大学。2 月份，沈保庵终于做通了父母的思想工作，带着妹妹从印尼回国，来到了重庆。但沈保珠并没有上大学，而是寄住在哥哥的同学林天祥家中，那时林天祥在重庆军队后勤部所属的汽车修理厂当厂长。已经与林正亨的姐姐林双吉结婚，成为林正亨的姐夫。

这次大哥把她带到了重庆，沈保珠非常高兴，像一只逃出牢笼的小鸟，在空中呼吸着新鲜空气、自由自在地飞翔。

她写信告诉正亨，这次她是来同他结婚的，今后她决不再离开他。

1941 年 11 月，沈保珠与林正亨终于结婚，在重庆参加集体婚礼。林正亨和沈保珠得到大姐林双吉和姐夫林天祥的照顾，结婚费用也是姐夫林天祥出的，婚后生活过得很拮据。

第三章 远征军中的台湾人

1944年年初，日军大举进攻湖南，长沙、衡阳先后于6月、8月失守，陪都重庆告急。全国人民掀起空前的抗日热潮。当时，国民政府开始大规模组建第二支远征军赴缅甸抗日，大批知识青年 在“一寸山河一寸血，十万青年十万军！”的号召下，踊跃报名参军。林正亨决心重披戎装上战场，主要是基于完成父亲林祖密光复台湾的遗愿，其次是一位军校同学相约再共赴国难。

▲1942年年底，林正亨和妻子沈保珠（后改名沈毅）及长子晶郎（后改名林义旻）在重庆合影

当林正亨向妻子沈保珠提出参加远征军时，他们的长子晶郎（后改名林义旻）1942年9月刚出生，妻子又于1943年9月怀孕，第二个孩子很快就要出生，家里又没有钱，妻子对林正亨走后家中如何生活很是忧虑，加以劝阻。林正亨理解妻子的难处，但态度坚决，回称："没有国，哪来的家？"

沈保珠为印尼女华侨，但深明大义，也就不拂其到缅甸去抗日的决心。丈夫走后，因实在无以度日，沈保珠便寄居到林正亨大姐林双吉家中，帮助料理家务。

1941年12月，日军突袭珍珠港，美英两国对日宣战，引发太平洋战争。缅甸原属英国殖民地，日军开始空袭缅甸首府仰光。中英两国在重庆签订《中英共同防御滇缅公路协定》，以保持

▼1943年，林正亨之妻沈毅与半周岁长子林义旻留影

▶1944 年，林正亨夫妇与长子林义旻在重庆合影

▶1944 年，林正亨赴缅抗日前全家合影

▲ 1945 年，林正亨之妻沈毅携子女与林冈合影

▼ 林正亨赴缅抗日出国前送其妹林冈的照片

▶林正亨赴缅抗日出国前送其妹林冈的照片

战略物资运输之畅通。为此，国民政府组建了赴缅抗日的第一支中国远征军，下辖三个军，约十万人马。1942 年 2 月中旬，仰光告急，应英军要求，中国远征军开赴缅甸，协同盟军作战。

缅甸地形极为复杂，高山层叠，河流交织，阴森茂密的原始森林遍布全境，作战极为艰苦。英国殖民者统治缅甸已经一百多年，缅甸百姓对残暴英军恨之入骨。日军入缅后，利用当地人仇英心理，以传单惑众："现在是赶走英国人的时候了！""日本军队帮助缅甸独立！"日本特务又用金钱收买不少缅甸和尚，让他们为日军帮腔。缅甸是佛教国家，和尚的话就是佛爷的话。于是，大多数缅甸人倒向日军一边。在缅甸人帮助下，中国远征军一进缅甸，就陷入日军重围。英军见形势不利，退往印度。中国远征军分两路后撤，其中由杜聿明副总司令率领的大部分远征军，穿越缅北丛林，退回途中，饿死、病死者三万多人，装备损失殆尽。

1944年年初，国民政府组建第二支远征军。林正亨暂时抛下家庭，参加远征军，赴缅作战。7月，林正亨随军到云南昆明整训。几个月后，林正亨乘飞机到印度雷多准备开赴缅甸作战。他被任命为远征军步兵团指挥连连长。在离开昆明前，他寄给妹妹林冈一封信和一张照片。林正亨在英姿飒爽的照片上，写下自己的誓言：“饥餐倭奴肉，渴饮倭奴血，砍下日寇头颅当球踢！”

林正亨随远征军从雷多出发，进入缅北丛林，向野

▼1944年，林正亨（右一）赴缅抗日前在昆明与战友留影

人山反攻。其所属部队先后攻克孟关、加迈、孟拱等缅北城镇。另一路自云南参战的远征军，同时进入滇西作战，使反攻缅甸战役形势大为改观。1945 年春，林正亨所属部队势如破竹，从缅北挺进到缅中。日军一路溃退，适逢雨季，日军困守在丛林中饥寒交迫，疾病流行。约有六万日军惨死在丛林中。

1945 年 3 月，在缅中最后一战，林正亨带一连士兵追击败退日军，遭日军困兽反扑。由于林正亨连队冲在最前面，被日军空降兵包围。日军轮番发起冲锋，他和战士一起浴血奋战。子弹打光了，他们用刺刀、枪托和日军展开肉搏战。在这场死战中其所率一连战士大部分都壮烈牺牲。

林正亨与日军肉搏，杀死数名日军。由于日军人多势众，他的脸颊被日本军官马刀砍伤，左右手也挨了刀，雪白的骨茬露了出来，成了血人，但他还在拼死搏斗。日军的刺刀又戳进了他的后背。身负十六处重伤的林正亨，因流血过多倒地昏迷。幸远征军后续部队及时驰援，消灭残存日军。清理战场时，林正亨军校的同学不相信一向身强体壮的他会轻易死去。于是在死尸堆里翻来找去，终于摸到了浑身是血、昏迷不醒的林正亨。

林正亨身受重伤，被送到缅甸后方医院。一个医术高明的美国军医为他做了两次大手术，终于把徘徊在死亡边缘的林正亨救了过来。林正亨身上大大小小的刀伤、枪伤有十六处，脸上、手上、后背、前胸无处没有伤。为了治疗他几乎被砍断的双手，医生从他肚子上取肉补到手背上，但因双手伤及筋无法治疗，几同半残，仅右手尚可执笔作书。

这次负伤让林正亨在医院中住了很长时间才慢慢复元。先是在缅甸住了四个月医院，然后于 1945 年 8 月转往印度雷多治疗一个月，9 月中旬才痊愈回国。

▶中国远征军在缅甸

1945年9月26日，林正亨在昆明云南驿养伤，10月30日，他自云南疗养院寄给在台湾的母亲一封长信，告慰说：

> 在这神圣的战争中，我可算尽了责任。台湾的收复，父亲生平的遗志可算达到了，要是有知，一定大笑于九泉。我的残废不算什么，国家能获得胜利强盛，故乡同胞能获光明和自由，我个人粉身碎骨也是值得。请母亲不要为我残废而悲伤，应该为家族的光荣来欢笑。你并没为林家白白的教养了我，我现在成了林家第一勇敢和光荣的人物。

◀林正亨在缅甸负伤后照片

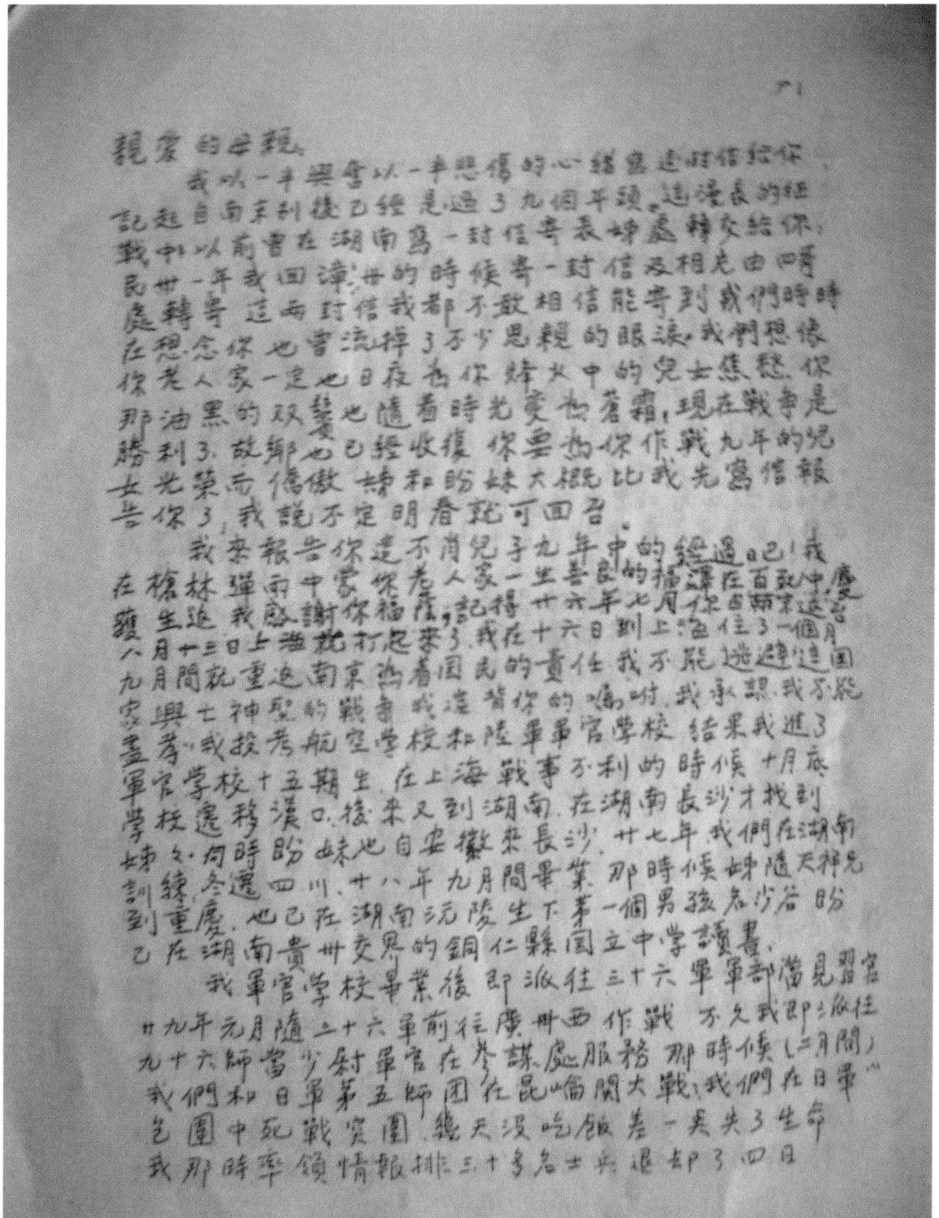

親愛的母親：
我以一半興奮以一半悲傷的心緒寫這封信給你。
記起自南京到現已經是過了九個年頭。這漫長的抗
戰中，以前曾在湖南寫一封信寄表姊處轉交給你；
民卅一年我回諱州的時候寄一封信及相片由晴
處轉寄。這兩封信我都不敢相信能寄到。我們時時
在想念你，也曾流掉了不少思親的眼淚。我們想像
你老人家一定也日夜為你烽火中的兒女焦慮，你
那油黑的雙鬢也隨着時光變成蒼霜。現在戰爭是
勝利了，故鄉也已經收復，你要為你作戰九年的兒
女光榮而驕傲。姊和盼妹大概比我先寫信報
告你了，我說不定明春就可回去。
我來報告你這不肖兒子九年中的經過吧！我
在槍林彈雨中，當你老人家一生善良的積德在百戰中慶
獲生還，我感謝你福蔭。記得廿六年七月你由南京送去
八月十三日上海就打起來了，我在十六日到上海住了一個月
九月間就重返南京，為着國民的責任我不能逃避這國
家興亡神聖的戰爭，我違背你的囑咐，我承認我不能
盡孝。我投考航空學校和陸軍軍官學校，結果我進了
軍官學校十五期生。在上海戰事不利的時候，十月底
學校遷移漢口，後來又到湖南，在湖南長沙才找到
姊姊，同時盼妹也自安徽來長沙。廿七年我們在湖南
訓練，冬遷四川。廿八年九月間畢業，那時候姊隨天祥兄
到重慶，也已在湖南沅陵生下第一個男孩名沙谷。盼
已在湖南貴州交界的銅仁縣國立中學讀書。
我軍官學校畢業後即派往三十六軍軍部當見習官，
廿九年元月隨三十六軍前往廣西作戰，不久我即派往
九十六師當少尉軍官在參謀處服務。那時候（三月間）
我們和日軍第五師團在昆崙關大戰，我們在日軍
包圍中死戰突圍，幾天沒吃飯，差一點失了生命。
我那時率領情報排三十多名士兵退卻了四日

▲1945 年，林正亨赴缅抗日受伤后给母亲的书信

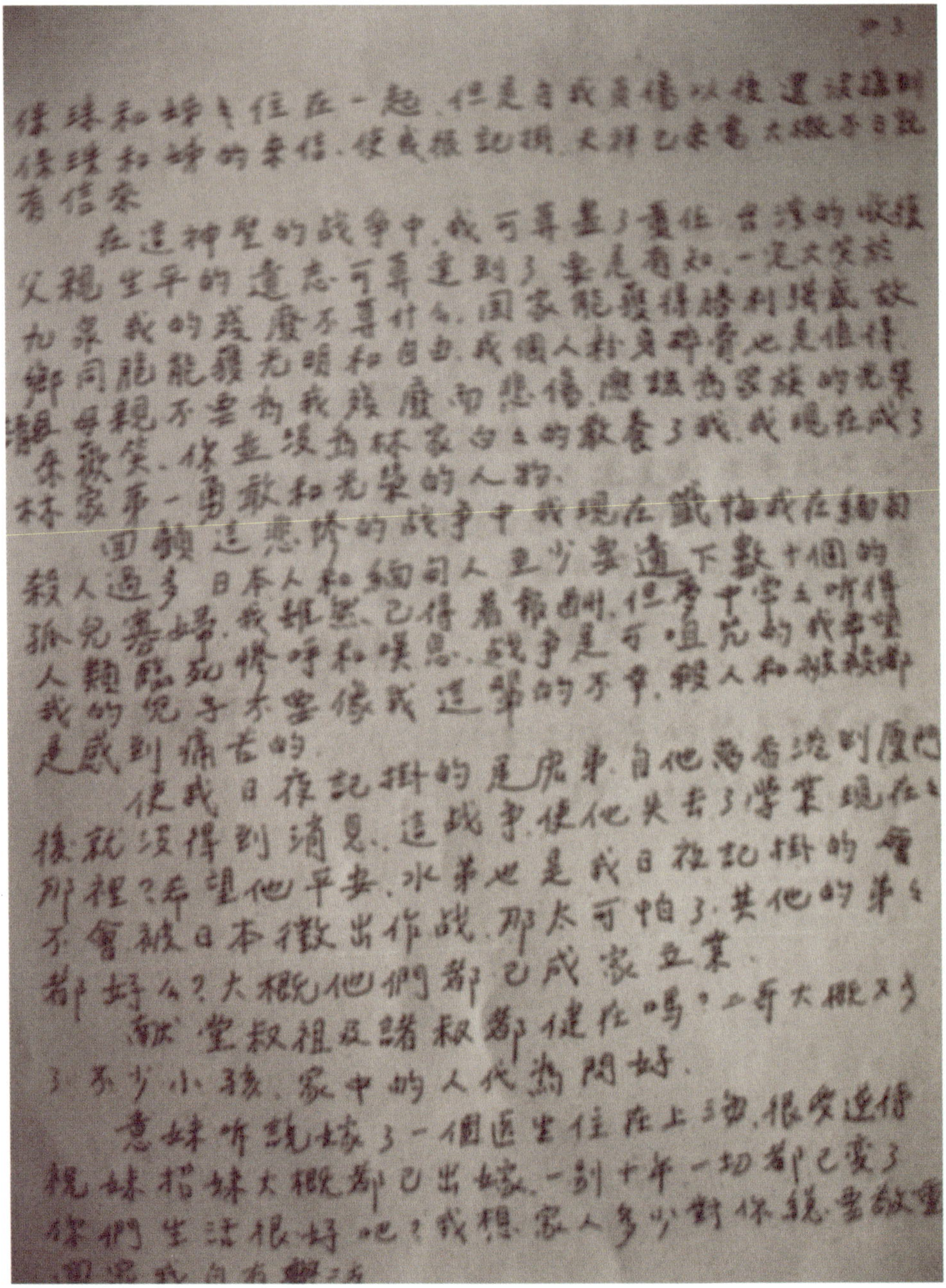
保珠和婷〻住在一起、但是自我负伤以后还没接到
保珠和婷的来信、使我很記掛、大胖已來書大概不日就
有信來
在這神聖的戰爭中、我可算盡了責任、台灣的收復
父親生平的遺志可算達到了、要是有知、一定大笑於
九泉、我的殘廢不算什么、國家能獲得勝利、猿底故
鄉同胞能獲光明和自由、我個人粉身碎骨也是值得
嬸母親不要為我殘廢而悲傷、應該為家族的光榮
而歡笑、你並沒為林家白白的教養了我、我現在成了
林家第一勇敢和光榮的人物。
戰爭中我現在懺悔我在緬甸
回顧這悲慘的
殺人過多 日本人和緬甸人至少要遺下數十個的
孤兒寡婦、我雖然已得着勳章、但夢中常〻聽得
人類臨死慘呼和嘆息、戰爭是可詛咒的、我希望
我的兒子不要像我這樣的不幸、殺人和被殺都
是感到痛苦的。
使我日夜記掛的是康弟、自他為香港到廈門
後就沒得到消息、這戰爭使他失去了學業、現在在
那裡？希望他平安、水弟也是我日夜記掛的、會
不會被日本徵出作战、那太可怕了、其他的弟〻
都好么？大概他們都已成家立業。
獻堂叔祖及諸叔都健在嗎？小哥大概又多
了不少小孩、家中的人代為問好。
惠妹聽說嫁了一個醫生住在上海、很要好、傅
枧妹招妹大概都已出嫁、一別十年一切都已變了
你們生活很好吧？我想家人多少對你總要敬重
因為我自有體[illegible]

▲ 书信的重要章节

林正亨被送回云南休养时已经是军队的编外人员，没有人管他，更没有人发工资给他。正亨从云南出发，拖着残废虚弱的身体，沿公路往重庆走，有车搭车，没车走路。走时他英姿飒爽、身强体壮、满怀豪情，现在却变成这副落魄模样，虽然为国家作战身体伤残他并不后悔，可心里也确实不舒服，自己在前方为国家打仗出生入死，可现在却连回家的路费都不够，真让人心寒。

不知走了多远，也不知走了多久，林正亨几乎是要着饭回到重庆。他衣衫褴褛、满头长发、人瘦得皮包骨头，几乎失去人形。以前那个帅气英俊的小伙子没有了，一位刚毅的抗日勇士，此时几乎变成了一个憔悴虚弱的乞丐。

好在他还是回到了重庆。但当他来到重庆时，竟找不到自己的家了。

原来抗战胜利后，身为后勤部上校的大姐夫林天祥，被派到广州接收日本人的华南汽车修配厂，沈保珠带着孩子也被劝说去了广州。大姐林双吉担心沈保珠无法生活，不愿把她和孩子们扔在重庆。

回到重庆的林正亨经过一番打听，找到了妹妹林冈。此时林冈已经加入中国共产党，成为苏联塔斯社驻重庆记者站的记者。林冈刚看到林正亨时，惊呆了。无论如何也不相信眼前这个头发胡子都很长、很乱，蜡黄的脸上有一道长长的刀疤，穿着一件破烂长衫的人是她的哥哥。临走前那穿着军装英俊潇洒的林正亨，怎么会变成如此苍老、落魄的样子。

林正亨带她来到自己的临时住处——重庆郊外七星岗一个破旧的小旅馆。他住在阁楼上一个很小的房间，那里有张木板床，垫着革，上面铺着一领破席。看到这情景，林冈终于忍不住难过地哭了。一个舍生忘死的抗日英雄，回到祖国却落到这个地步。

回到重庆后的林正亨，由林冈和中共《新华日报》记者鲁明介绍，参加了中国劳动协会。这是一个进步的群众团体，由在重庆做工会工作的朱学范领导。

中国劳动协会简称“劳协”，1935年在上海成立，1937年迁往汉口，后又迁至重庆。最初为国民党控制，但自从接受各民主党派的政治主张，并与解放区合作，1945年解放区90多万职工全部加入“劳协”，成了共产党的外围组织，国民党开始迫害该组织。正亨加入“劳协”时，正是“劳协”的鼎盛时期。

林正亨被分配到重庆朝天门码头做工人工作。这使富家少爷出身的他有机会接触底层工人的生活，看到那些有钱有势的恶霸们如何欺压和剥削工人。白天，他去朝天门码头工作，晚上做林冈的保镖，陪妹妹到处采访。那时，国共谈判刚刚破裂，两党斗争十分激烈。有一次郭沫若、王若飞等进步人士在重庆较场口给群众作报告。国民党特务前来捣乱，他们向会场扔石头，用木棍打群众，把会场搅得一塌糊涂。林正亨在前面帮忙开道，林冈才完成了采访任务，把这一事件及时报道出去。在这些活动中他亲眼看到国民党特务殴打和逮捕参加聚会的群众，让他更加看清了国民党独裁残暴的本质。

林正亨回重庆的几个月里，目睹了国民党政权的腐朽本质，思想发生了脱胎换骨的改变。他过去一直认为国民党政府是中国正统的合法政府。可是回重庆后，却发现正当前方将士抛头颅、洒热血为祖国奋战的时候，国民政府的官僚们却在后方过着花天酒地、纸醉金迷的生活。他在朝天门码头了解了工人的悲惨境遇，又看到国民党特务的横行霸道，他认为中国的未来不属于腐朽没落的国民党政府，而应该属于一心为民的中国共产党。

第四章

参加『二二八』反对恶政

1946 年国共合作失败，已经参加共产党很多工作的林正亨，也面临重新选择生活道路的问题。组织上给了他两条路：一条是由于他军校毕业，懂得军事技术，可以参加新四军；另一条是他的故乡在台湾，可以回台湾参加党的秘密工作。林正亨考虑到自己在台湾的人脉熟、雾峰林家在台湾有影响力，决定回台湾做党的秘密工作。在台湾的同父异母大哥林正熊知道林正亨要回台湾时，赶忙写信阻止他，说你回台湾是一

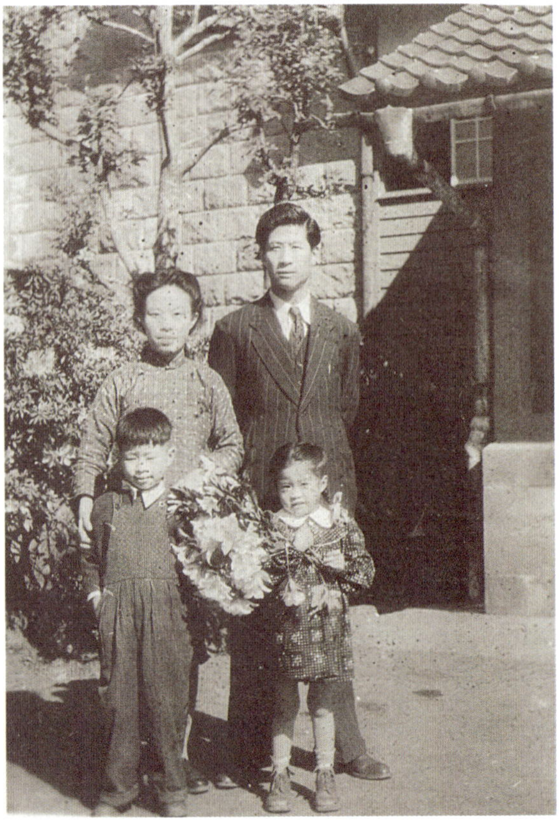

▶1946 年，林正亨与妻子儿女在广州合影

定要死的。但林正亨决心已下，他不听任何人劝阻，执意要回去。

1946 年，林正亨来到广州，和久别的妻子、儿女们团聚。这时，他的丈母娘黎秀英也从印尼来到广州，和女儿、女婿见面。她对正亨说：沈家是印尼的富商，可以出一大笔钱给他去印尼做生意，过安稳的日子。还劝他说，你对国家已经做了很大贡献，如今成了残废，下半辈子该为自己和家庭想想了。林正亨婉言谢绝了丈母娘的好意。他说，台湾人民还在遭受苦难，作为爱国雾峰林家的后代，有责任回台湾为台胞的解放而奋斗。丈母娘看他态度坚决，就给他二十根金条，作为他回台湾安家、经商的本钱。

◀1946 年，林正亨与妻子儿女在广州荔湾游泳场合影

1946年，林正亨带着妻儿，以及二十多位滞留在重庆的台湾进步青年，回到阔别已久的家乡台湾。林正亨回台湾是受劳动协会委托，去台湾开展地下工作的。此时的林正亨已不是一个普通爱国青年，已经秘密加入了中国共产党，为了保密，组织上并没有公布他的情况。大家只是把他当作一个有进步思想的年轻人，而不知道他是共产党员。此时的林正亨满怀着拯救台湾人民的希望和激情，既兴奋又激动，几乎是放下行李就开始了工作。

1946年6月，林正亨回台湾后，担任台北警备司令部劳动训导营警官，负责训导所谓的无业游民。1946年年底，他被调到台湾省警务处第四科经济股当股长。他凭着在重庆从事工人运动的经验，经常到工厂去做工人工作，帮他们解决生活困难，给他们讲革命道理，

▼20世纪50年代，林正亨的母亲郭玲瑜（右）与岳母黎秀英（左）在印尼合影

▲1947 年，“二二八”起义失败后，为躲避国民党追捕，重新住院开刀

鼓励他们自立自强，深受工人的信任和拥护，大家把林正亨当知心朋友。林正亨回雾峰林家，也受到家族信任，大家选他当林家下厝族长，他将林家空余房产规划起来，留出一些空余房间，作为穷困家族成员的谋生之地。

自1894年甲午战争后，台湾被清政府割让给日本，受到日本五十年殖民统治。台湾人民盼星星盼月亮那样，期盼回到祖国怀抱。1945年台湾光复后，台胞们敲锣打鼓欢迎接收台湾的国军。可没想到国民党接收大员到台湾后，敲诈勒索，无恶不作。不到一年时间，就把物产丰饶的台湾，变成百业萧条，闹失业、闹米荒的台湾，人人怨声载道。终于在1947年2月底，爆发了席卷全岛的“二二八”起义。

当时，林正亨正在台北，也参加到起义的洪流中。起义的学生占领了警察局、电台和许多政府机关。那时，一些国民党特务煽动流氓、暴徒抢劫商店、扰乱市场。林正亨组织厂里的工人成立纠察队。那时，负责维护社会秩序的学生总队队长发现有流氓闹市，他们打不过流氓，就打电话给林正亨，派工人纠察队来维护市场秩序。台湾国民党当局看

▶1948年，林正亨在台北石门水库留影

▼作家王颖采访当年与林正亨一起工作的中共地下党员施显华先生（左一）

镇压不了人民起义，便换了一副求和的面孔，答应满足学生的条件，先成立有各界代表参加的“二二八”事件处理委员会和台湾政府谈判。林正亨一眼看出这是国民党政府施行的缓兵之计，他到“二二八”事件处理委员会向委员们揭露国民党当局将会派军队前来镇压台湾人民，请他们擦亮眼睛，不要上当。但是他的警告没有引起委员们的重视，甚至对他的劝说产生反感。他不得不离开台北，回家乡台中参加武装斗争。

“二二八”起义中，台中人民斗争最坚决，最勇敢，他们成立了从事武装斗争的“二七”部队，在谢雪红的领导下，攻占了军火库，用抢来的武器装备自己，受过军事训练打过仗的林正亨也想参加武装斗争，但他没有赶上。1996 年，雾峰林家在修缮大戏台时，还从夹墙里找到当年“二二八”起义时，林正亨藏在墙里的炸药包和发报机。

果然不出林正亨所料，蒋介石一面命令台湾当局最高行政长官陈仪和“二二八”事件处理委员会委员们周旋谈判，一面调兵遣将。3月8日，国民党军第二十一师乘太康轮抵达基隆。那是一支拥有优良美式装备的八千人部队，接着又从福州运来宪兵第四团两个大队，同时从高雄港也派来三千名士兵。他们一上岸便开始血腥屠杀，一路上看到人就用机枪扫射，从基隆打到台北，又从台北打到桃园、新竹、嘉义。数百名被认为是“暴徒”的台湾人，足踝、手掌用铁丝穿在一起，三五人一组被抛进大海。在国民党残暴镇压下，“二二八”起义失败了。林正亨为减少起义损失，便和在台湾很有影响的雾峰林家族长林献堂一起，和前来台中镇压起义的国民党军队谈判、周旋。使武装斗争最激烈的台中，反而被杀害的起义者最少，损失也最小。后来，他为躲避国民党的追捕，去他军校同学开办的医院重新开刀，才免遭捕杀。

▶20世纪40年代和林正亨关系密切的地下党交通员阿雪（左）

“二二八”起义失败了，但起义领导人之一的谢雪红和台湾的有识之士并没有气馁，他们于1947年11月12日孙中山诞辰日，在香港成立了爱国团体——台湾民主自治同盟。响亮地提出：“中国人民团结起来，组织民主联合政府！”的口号，同时制定了“反台独，反托管”的政治纲领。林正亨受党的委派，去香港参加台盟成立大会，并领受了回台湾发展台盟组织的任务。由于这次赴港开会，历时三个月，台湾省警务处以他逾假不归为由，免去了他警务专员之职。他用丈母娘给的二十根金条，在台北市长安西路十八号，开办了建成皮鞋店，专门经营广州贩来的儿童皮鞋。林正亨经营皮鞋店是假，利用皮鞋店作为中共地下党秘密联络站是真。直到现在，许多地下党员还记得那时去建成皮鞋店二楼开秘密会议的情况。

由于林正亨不善经商，皮鞋店的经营每况愈下，最后不得不关门停业。他把自己的精力全部放在发展台盟组织和创办革命刊物上，为做好青年工作，他组织一批进步青年成立读书会，经常传阅范文澜的《中国近代史》和《唯物史观》等系列进步书籍，还传阅他和沈保珠根据新华社电台播报每日新闻编写的《综合文摘》及《和平文献》。

林正亨台北家的壁柜里挂着一幅中国地图，几乎每天他都要在地图上插一些小红旗，孩子问他为什么要插红旗，他神秘地笑笑说：“将来你会知道的！”现在看来，林正亨这是在地图上标明共产党解放的城市，好通过进步刊物报告台湾同胞。

1949年，国民党军在祖国大陆兵败如山倒，蒋介石为他撤退台湾做准备，将军统、中统等大批特务派到岛内“清理基地”，大肆捕杀中共地下党员和进步人士，先后枪杀了五千多人，酿成最黑暗、最血腥的白色恐怖。1949年年初，中共地下党台北市负责人被捕，在商量营救

▼林正亨故居台北泉州街四巷四号

方案时，林正亨曾提出自己带人劫刑车救人。但上级领导怕劫车失败，造成更大损失，而没有批准。

林正亨于1949年8月18日被捕，被捕的地点是他台北家中，台北市泉州街四巷四号。

1949年8月中旬，林正亨得到国民党政府要抓捕他的消息，出外躲了几天。17日下午，他悄悄回家，想拿几件换洗的衣服，再离家出逃。吃完晚饭后，他和家人叙旧，谈到半夜，在准备离家时，坐在沙发上睡着了。凌晨三点，台北刑警总队的警察包围了林正亨的家。他们破门而入，不由分说，给从睡梦中惊醒的林正亨与妻子沈保珠戴上手铐，押出了大门。林正亨的主要罪名是加入中共外围团体台湾民主自治同盟，并组织读书会，将“反动书籍”交由盟员阅读，还从家中搜出一支手枪，控告他意图叛乱谋反。

原来，白色恐怖中，国民党在台湾省内开展大规模的举报和肃清中共的运动，还公布了公务员连坐保证制度，以防共产党的渗入。1949年8月16日，读书会成员傅世明因发展警员崔文正入会，被圆山派出所警员剑潭告发，傅世明被捕受刑后，供出了包括林正亨、施显华、吴万福等人在内的7个成员。他们被立即抓捕，一个都没有逃过。与林正亨一起被捕判刑的还有：傅世明、陈南昌、吴万福、施显华、傅玉碧、陈添成。

9月23日，林正亨从刑警总队转押到台湾省保安司令部军法处看守所，在那里他受尽了酷刑：鞭抽、火烙、刺甲、压杠子、灌辣椒水，折磨得他死去活来，但他坚贞不屈，为了保护读书会的青年，他把一切责任揽在自己身上。

林正亨夫妇的被捕，使全家遭到厄运。家里只有林正亨的妹妹林双祝和奶妈带着三个嗷嗷待哺的孩子，家里失去经济来源，缺衣

▼林正亨在狱中为其长子林义旻剪的纸花

少食，生活实在无法维持。奶妈帮着做饭，正亨的妹妹林双祝将饭送到狱中。

林正亨的儿子林义旻多次去给父母送饭。他清楚地记得，因为家中实在没钱了，妈妈对姑姑说：“看看家里有什么值钱的东西，你都可以拿去卖。”

可家里的东西能卖多少呢？生活很快就又陷入了困境。林双祝只好一手牵一个孩子去亲戚家要钱，亲戚们怕“共匪”牵连自己，从门缝里塞出一两角钱，连门都不开。林双祝只好带孩子们去公平市场，喝被污染的面糊。一天，林义旻砍柴时，将左手拇指的指甲砍掉了。沈保珠得信后十分着急，让林双祝给住在香港的大姐林双吉发电报，让她把孩子们接到香港，同时来台湾解救林正亨。

林双吉与丈夫林天祥很

▼林正亨给母亲郭玲瑜的信

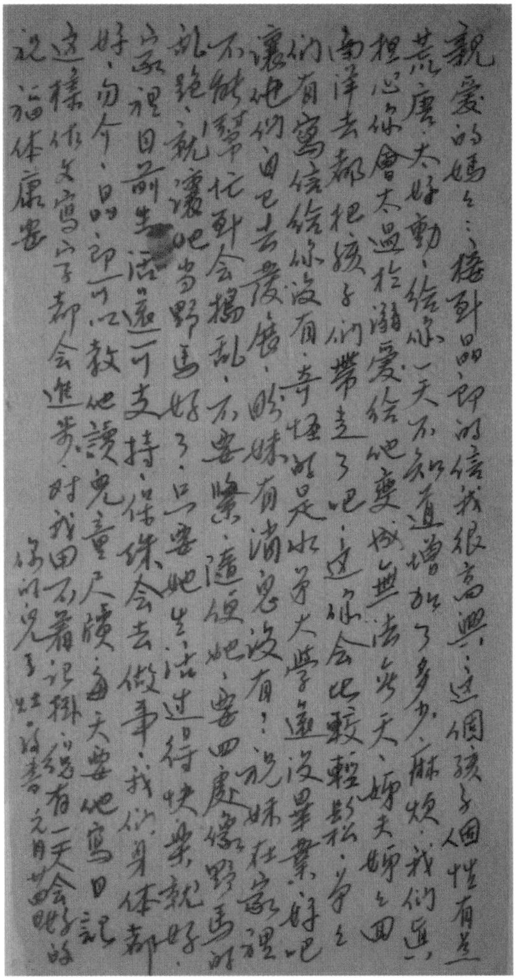
親愛的媽媽：
接到品印的信我很高興，這個孩子個性有些荒唐，太好動，給你一天不知道增加了多少麻煩，我們真担心你會太過於溺愛給他，變成無法無天，姊夫姊姊回南洋去都把孩子們帶走了吧，這你會比較輕鬆，弟弟們有寫信給你沒有，奇怪的是小弟大學還沒畢業，好吧讓他們自己去發展，盼妹有消息沒有？祝妹在家裡不能幫忙，到會搗亂，不要緊，隨便她，要回鹿港野馬的就讓她當野馬好了，只要她生活過得快樂就好。家裡目前生活還可支持，保珠会去做事，我們身体都好，勿念，品印可以教他讀兒童尺牘，每天要他寫日記，這樣作文寫字都会進步，對我因不着記掛，總有一天会明白的
祝福体康安

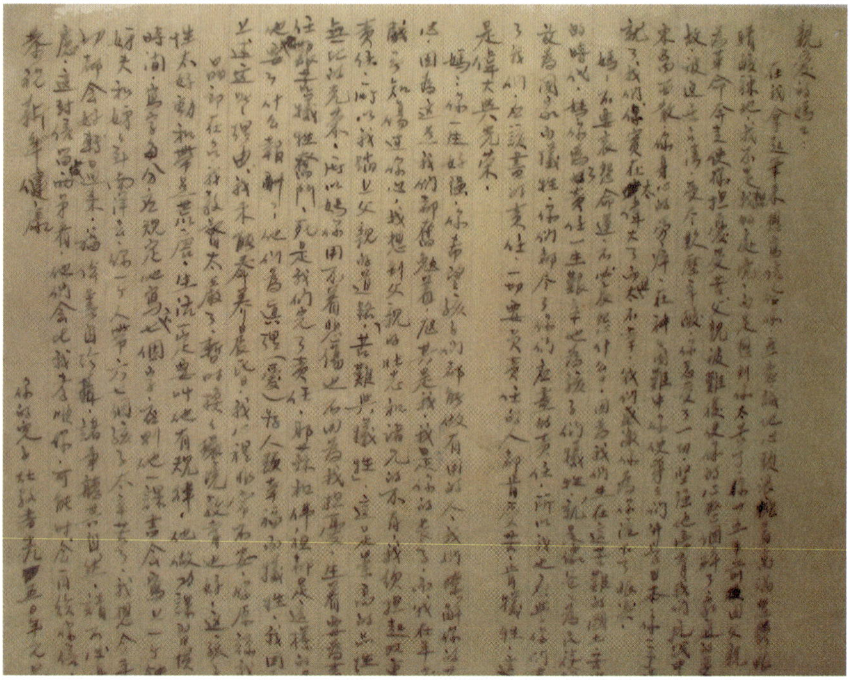

▶林正亨遇难前给母亲郭玲瑜的绝笔信

快从香港飞到台湾。林天祥是国民党军少将，有很多同学在政府任职。他找到老朋友、台北的宪兵司令问林正亨案情。这位宪兵司令说，林正亨组织读书会，属一般犯罪，不会判死刑，过些日子就会放他了。林天祥夫妇都放下心来，他们想把林正亨的儿子林义旻和女儿林少萍接走。

林正亨的儿子林义旻与女儿林少萍临走前去监狱中看望父母。在二楼狱室里，林正亨头系白毛巾，把儿子抱在膝盖上，拿出林双吉送的糖果给孩子们吃，同时告诉他们："你们先跟大姑去香港，然后去北平找二姑，你爷爷的朋友叶剑英现在是北平市市长，他一定会照顾你们的。"孩子们到一楼狱室看望母亲时，正要开饭。母亲一见他俩就哭了起来，结果，整个牢房的女犯人都大哭起来，会面也不得不结束了。1949 年的 10 月份，林正亨的儿子林义旻与女儿林少萍离开了台湾。

林义旻现在生活在北京，虽然当年他年龄很小，但他如今还清楚

▲林正亨二弟林正宏在日本留学时照片

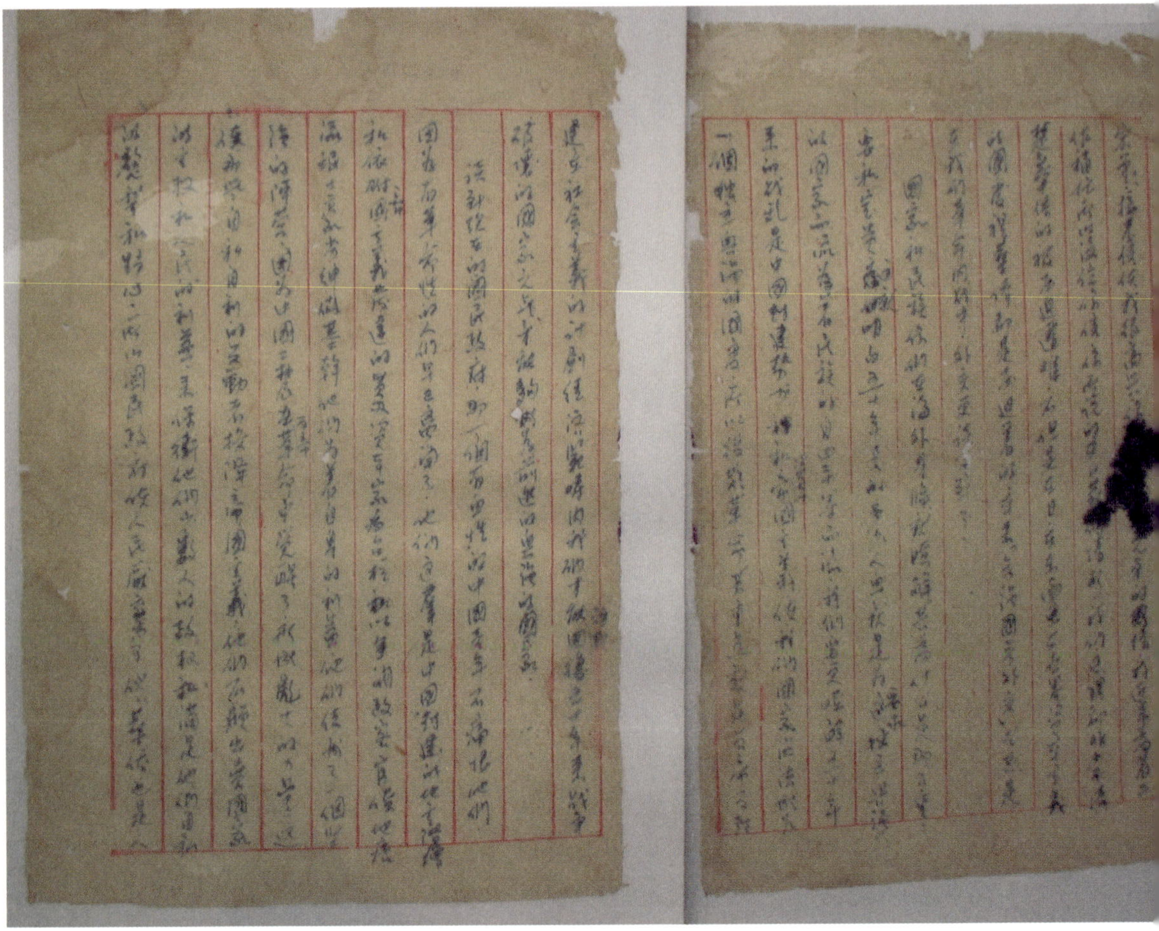

▲ 林正亨遇难前给在日本东京帝国大学读书的弟弟林正宏写信，让他回祖国参加建设（1）

▼林正亨遇难前给在日本东京帝国大学读书的弟弟林正宏写信，让他回祖国参加建设（2）

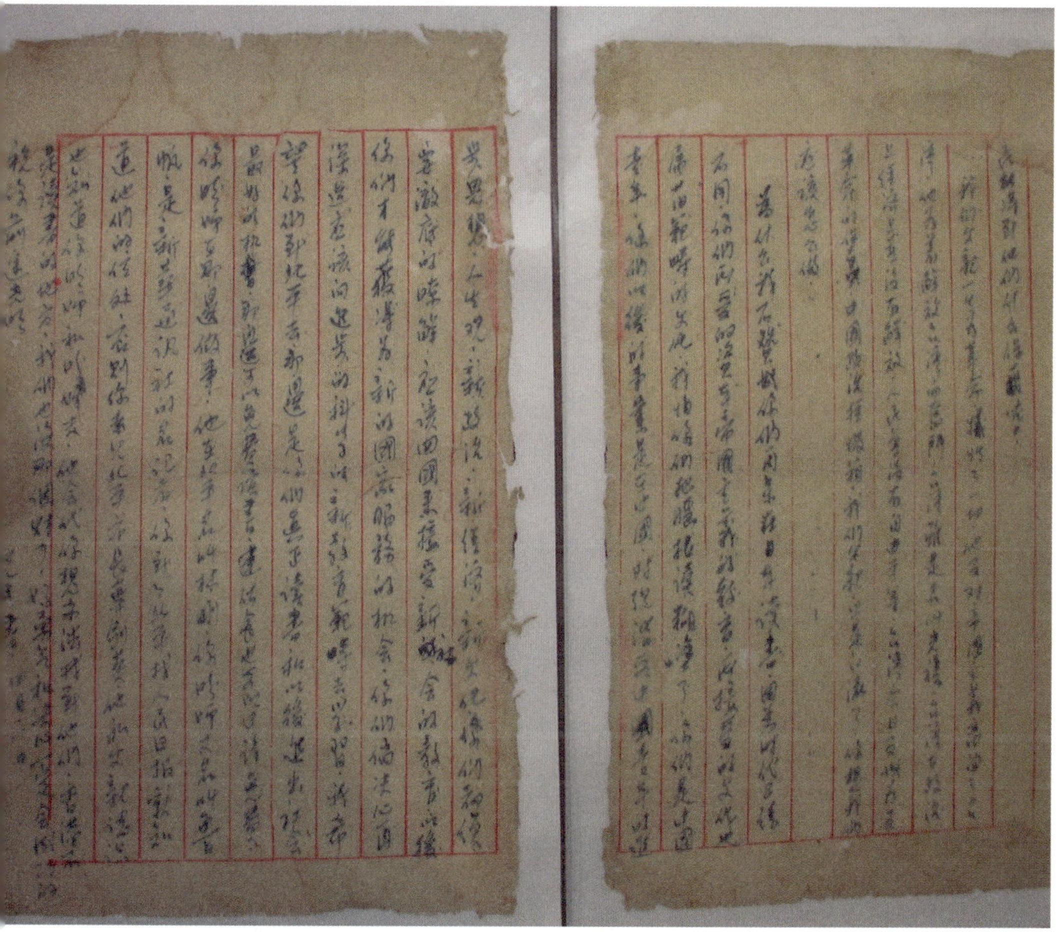

地记着当年的情景，永远记住了与父亲分别的那一幕，永远记住了父亲的容貌和对他说的话。当年他小小年龄还不知道世界的凶险，也万万没有想到那次与父亲见面是他与父亲的永别，从此他与父亲阴阳两界天各一方。直到今日，林义旻的身边还保存着父亲当年那年轻英俊的留影，父亲那英姿勃勃的形象深深留在他的记忆里。

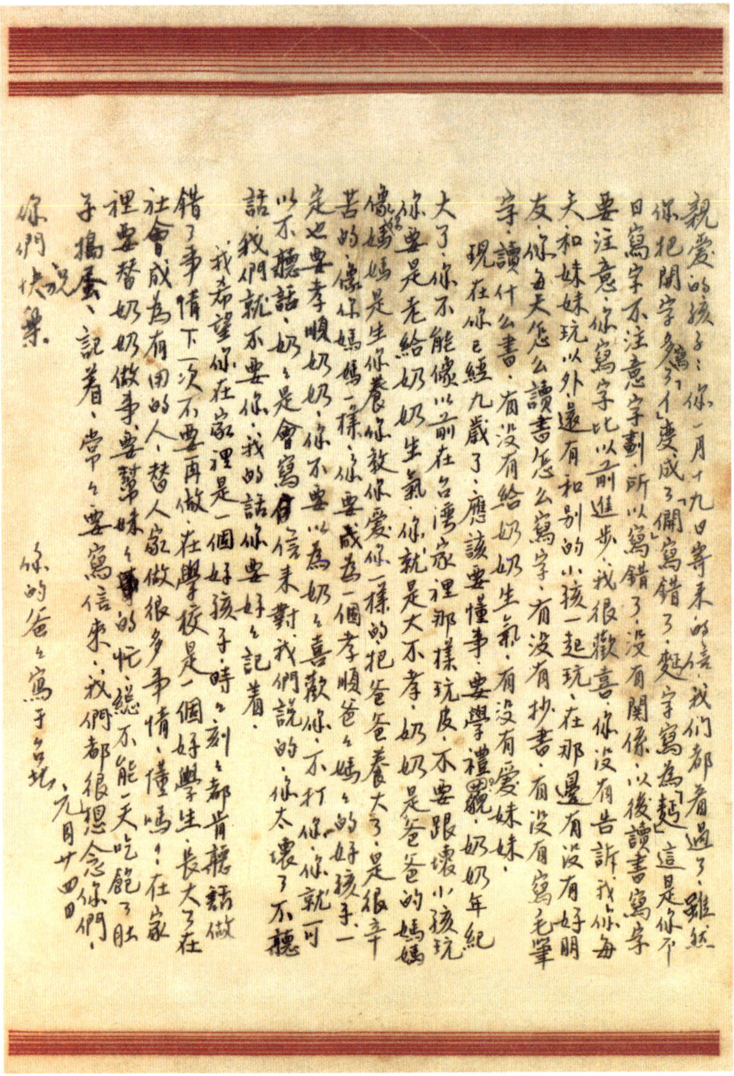

親愛的孩子：你一月十九日寄來的信，我們都看過了，雖然你把閑字多寫了「亻」變成了「僩」寫錯了，「趕」字寫為「赶」，這是你平日寫字不注意字劃，所以寫錯了，沒有關係，以後讀書寫字要注意，你寫字比以前進步，我很歡喜，你沒有告訴我你每天和妹妹玩以外，還有和別的小孩一起玩，在那邊有沒有好朋友，你每天怎么讀書，怎么寫字，有沒有抄書，有沒有寫毛筆字，讀什么書，有沒有給奶奶生氣，有沒有愛妹妹，

現在你已經九歲了，應該要懂事，要學禮貌，奶奶年紀大了，你不能像以前在台灣家裡那樣玩皮，不要跟壞小孩玩，你要是老給奶奶生氣，你就是大不孝，奶奶是爸爸的媽媽，像你媽媽是生你養你教你愛你一樣的把爸爸養大了，是很辛苦的，像你媽媽一樣，你要成為一個孝順爸爸媽媽的好孩子，一定也要孝順奶奶，你不要以為奶奶喜歡你，不打你，你就可以不聽話，奶奶是會寫信來對我們說的，你太壞了不聽話，我們就不要你，我的話你要好好記着。

我希望你在家裡是一個好孩子，時時刻刻都肯聽話，做錯了事情下一次不要再做，在學校是一個好學生，長大了在社會成為有用的人，替人家做很多事情，懂嗎？在家裡要替奶奶做事，要幫妹妹的忙，總不能一天吃飽了肚子搗蛋，記着，常常要寫信來，我們都很想念你們。

祝你們快樂

你的爸爸寫于台北
元月廿四日

▶1950 年 1 月，林正亨牺牲前给长子林义旻的遗书

▼林正亨遇难前给自己孩子的遗书

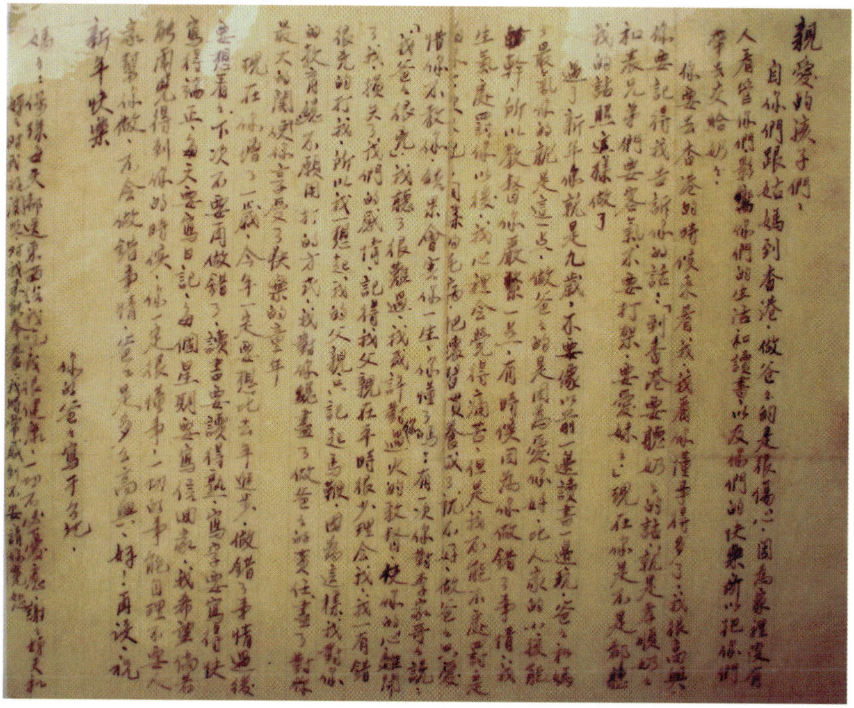

親愛的孩子們、
自你們跟姑媽到香港，做爸爸的是很傷心，因為家裡沒有
人看管你們，影響你們的生活和讀書，以及你們的快樂，所以把你們
帶去交給奶奶。
你要去香港的時候，來看我，我看你懂事得多了，我很高興。
你要記得我告訴你的話：「到香港要聽奶奶的話，就是要順奶奶
和表兄弟們要客氣，不要打架，要愛妹妹」。現在你是不是都聽
我的話照這樣做了
過了新年你就是九歲，不要像以前一邊讀書一邊玩，爸爸和媽
媽最氣你的就是這一點，做爸爸的是因為愛你，[illegible]
幹，所以教督你嚴緊一點，有時候因為你做錯了事情，我
生氣處罰你以後，我心裡會覺得痛苦，但是我不能不處罰，是
[illegible]
惜你不教你，終來會害你一生，你懂了嗎？有一次你對李家哥哥說：
「我爸爸很兇」，我聽了很難過，我或許教過火的教督，使你的心離開
了我，損失了我們的感情，記得我父親在平時很少理會我，我一有錯
很兇的打我，所以我一想起我的父親，只記起馬鞭，因為這樣我對你
的教育總不願用打的方式，我對你總盡了做爸爸的責任，盡了對你
最大的關心，使你享受了快樂的童年
現在你增了一歲，今年一定要想比去年進步，做錯了事情要[illegible]
要想看看，下次不要再做錯了，讀書要讀得熟，寫字要寫得快
寫得端正，每天要寫日記，每個星期要寫信回家，我希望你[illegible]
能開始得到你的時候，你一定很懂事，一切的事能自理，不要人
家幫你做，不會做錯事情，爸爸是多麼高興，好！再談，祝
新年快樂
你的爸爸寫于台北
[illegible]

鉴于雾峰林家在台湾的巨大影响，和林家有密切关系的十几位台湾著名开明士绅联名具保林正亨，其中包括台湾第一位医学博士杜聪明、丘逢甲的儿子丘念台等，他们请求蒋介石释放林正亨，列举了雾峰林家为国家所作贡献，望看在林家几代精忠报国的分上给林正亨一条生路。国民党当局经历过“二二八”事变，深知台湾人民不好惹。当时有个不成文的规定：不杀台湾籍政治犯。蒋介石让陈诚亲自提审林正亨，只要他写悔过书，表示悔过，并且供出他的领导人，就可以让他免死。但在最后的审讯中，林正亨怀抱着献身革命的坚定信念，大义凛然拒绝悔过，他说：“我无过可悔。”并表示：“我没有什么联系人，只有一个叫陈

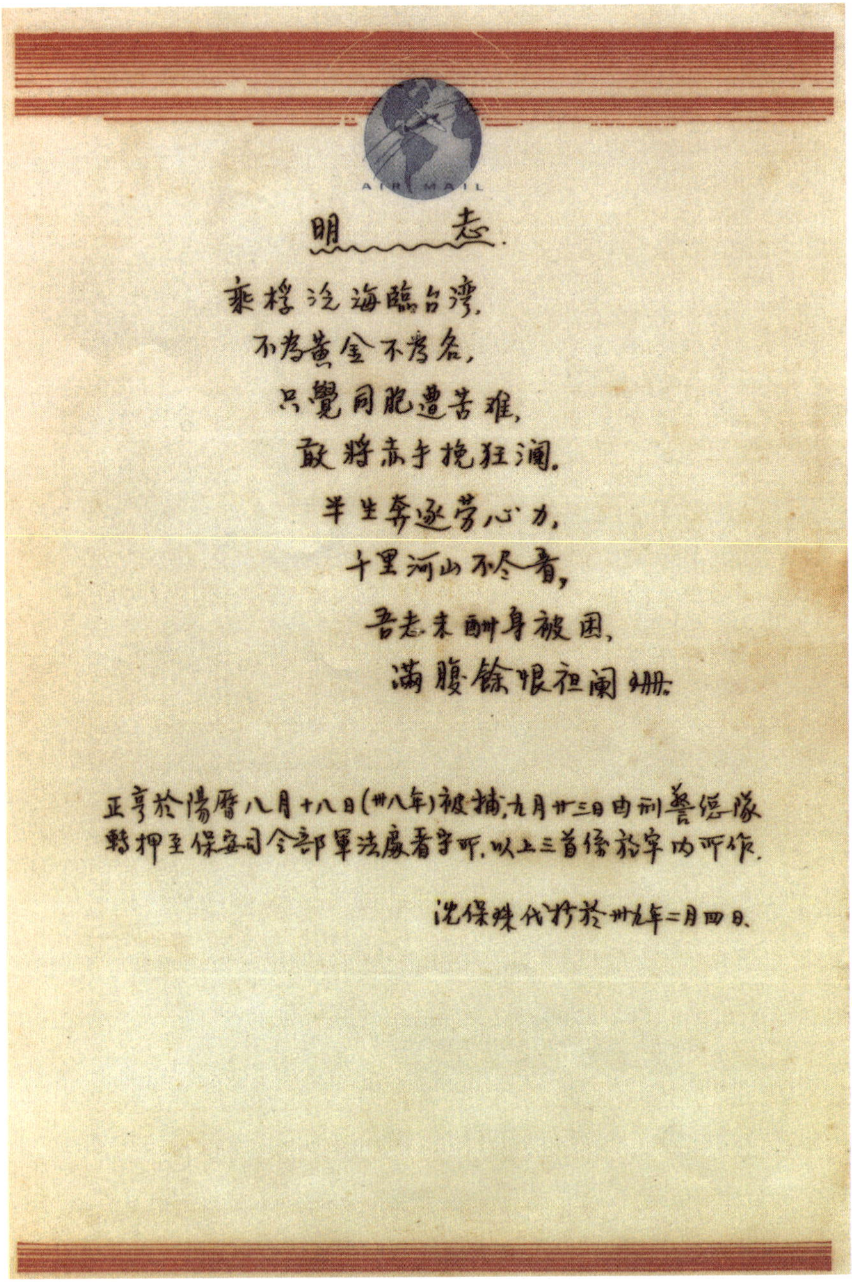

明志

乘桴泛海臨台灣，
不為黃金不為名，
只覺同胞遭苦难，
敢將赤手挽狂瀾。
半生奔逐劳心力，
千里河山不忍看，
吾志未酬身被困，
满腹餘恨泪阑珊。

正亨於陽曆八月十八日（卅八年）被捕，九月廿三日由刑警總隊解押至保安司令部軍法處看守所。以上三首係於牢內所作。

沈保珠代抄於卅九年二月四日。

▲1950年，林正亨牺牲前在监狱地板上刻的《明志诗》（沈毅抄录）

百川的人，你们也都知道了，我没有其他可以供出的人。”其实这个陈百川是林正亨和几个同案犯共同虚构的“领导人”。

林正亨对牺牲思想上已经有所准备，在押往军法处时，妻子沈保珠曾问过他：“究竟出了什么事情？我们要不要紧？”林正亨告诉妻子，有人出卖了他们。“那怎么办？”林正亨说：“不要再抱有任何幻想，我的骨头能埋在台湾就是幸福，你好好带孩子，去大陆找双盼。”沈保珠听到丈夫说这些话，知道事情不好，立即找人去营救。但她万万没想到，枪毙的命令竟然瞬间即下。

在台湾学者许雪姬所著的《林正亨的生与死》一书中这样写道：“1949 年 8 月中旬以来，台湾省警务处刑警总队宣称陆续破获一起奸

▼1950 年，林正亨牺牲前在监狱地板上刻的遗诗（沈毅抄录）

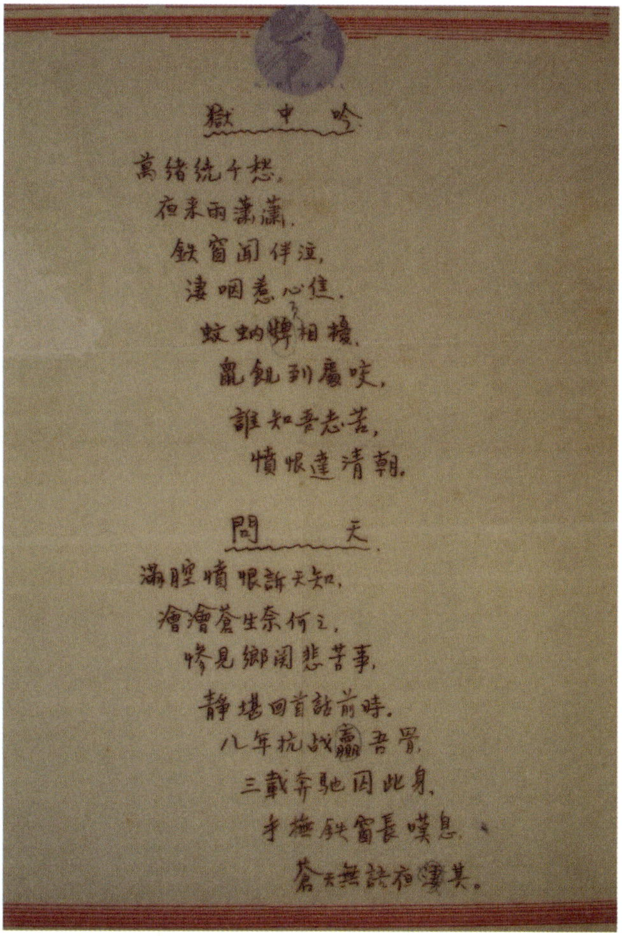
獄中吟

萬緒繞千愁，
夜來雨蕭蕭，
鐵窗聞伴泣，
淒咽惹心焦。
蚊蚋[illegible]相擾，
鼠飢到處咬，
誰知吾志苦，
憤恨達清朝。

問天

滿腔憤恨訴天知，
滄滄蒼生奈何之，
慘見鄉閭悲苦事，
靜堪回首話前時。
八年抗戰贏吾骨，
三載奔馳因此身，
手撫鐵窗長嘆息，
蒼天無語夜凄其。

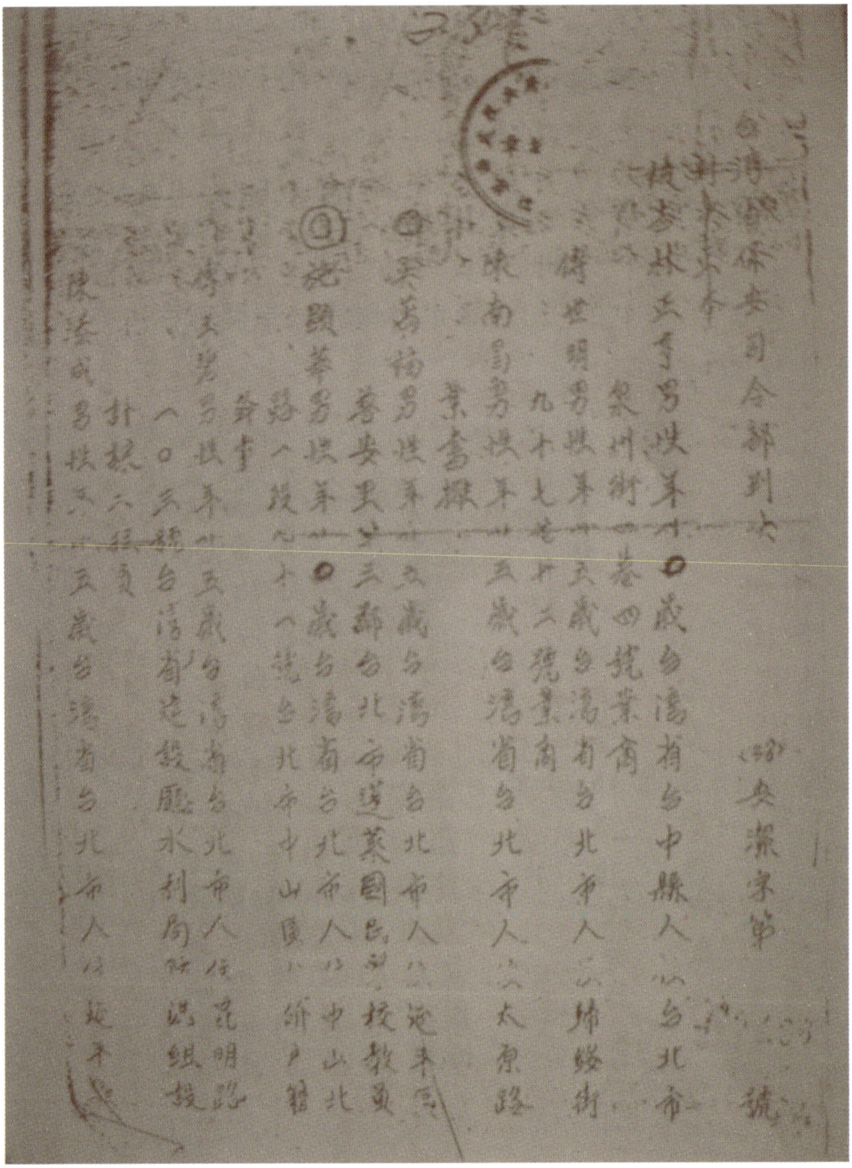
台湾省保安司令部判决 安潔字第 號

被告 林正亨 男 现年卅〇岁 台湾省台中县人 住台北市

▲台北保安司令部对林正亨的死刑判决书

匪组织，领头的一个是雾峰林家的林正亨，他并非主犯，主犯陈百川在林正亨被处决时仍未缉获，从犯却先倒下，令人不可思议。”

沈保珠在被捕两星期之后被释放，一个月后又再次被抓进监狱。宪兵队本来是想放长线钓大鱼，但是一无所获，只好又把她抓了进去。1949 年 12 月份，沈保珠被释放。

1949 年 12 月 27 日，台湾省保安司令部下达了判决书，宣判林正亨和傅世明死刑。在临刑前最后的日子里，林正亨用彩纸给心爱的孩子们剪了十几页纸花，寄托自己的爱子深情。他在给母亲的诀别书中充满感情地写下：“妈妈，你一生好强，你希望孩子们都能做有用的人，我们了解你的苦心。因为这点，我们都奋勉着。尤其是我，想到父亲的壮志和诸兄的不肖，我须担起双重的责任，所以我踏上父亲的道路——苦难与牺牲。这是崇高的品性和无比的光荣。所以妈妈你用不着悲伤，也不用为我担忧，生着要为责任艰苦牺牲奋斗，死是我们完成了责任。”在狱中的地板上，他还刻下了一首题为《明志》的诗：

乘桴泛海临台湾，
不为黄金不为名，
只觉同胞遭苦难，
敢将赤手挽狂澜。
半生奔逐劳心力，
千里河山不尽看，
吾志未酬身被困，
满腹余恨夜阑珊。

1950 年 1 月 30 日黎明，天阴沉沉地下着小雨。台北市泉州街的行人，驻足观看一队执行死刑的囚车。开道车后的一辆吉普车上，五花大绑着一个气宇轩昂的死囚。当车队路过泉州街四巷时，他突然高喊起来：“保珠，保珠，你快出来呀！”车上的宪兵没等他再喊，就用枪托把他打得满头是血。路边一位叫李昌芹的中年人，听到死囚的喊声，认出这是自己的朋友林正亨，被押赴刑场执行死刑，赶忙跑到正亨家里报信：“不好了，正亨不好了，保珠快去看看他吧！”正在给丈夫做牢饭的沈保珠，顾不上穿鞋，光脚跑到街上，叫来一辆三轮车，直奔马场町刑场。

马场町刑场位于台北市郊新店溪的荒河滩上，日据时代曾经作为练马场。台湾光复后，国民党当局将它作为枪杀政治犯的刑场。沈保珠赶到刑场时，林正亨已被枪决，胸部中了两枪，脸朝地倒在血泊中。沈保珠不知哪来那么大的气力，以瘦小的身躯，抱起丈夫高大的还在冒血的躯体。她还想救治丈夫，不相信他就这样死去，但这已经是不可能的事了。

沈保珠在朋友李昌芹和小叔子林正信的帮助下，把丈夫的遗体送到了台北极乐殡仪馆，她为丈夫买来崭新的西服，

▼林正亨在押赴刑场前，给母亲郭玲瑜的留言（落款处日期应为一九五〇年，此为作者笔误——编者注）

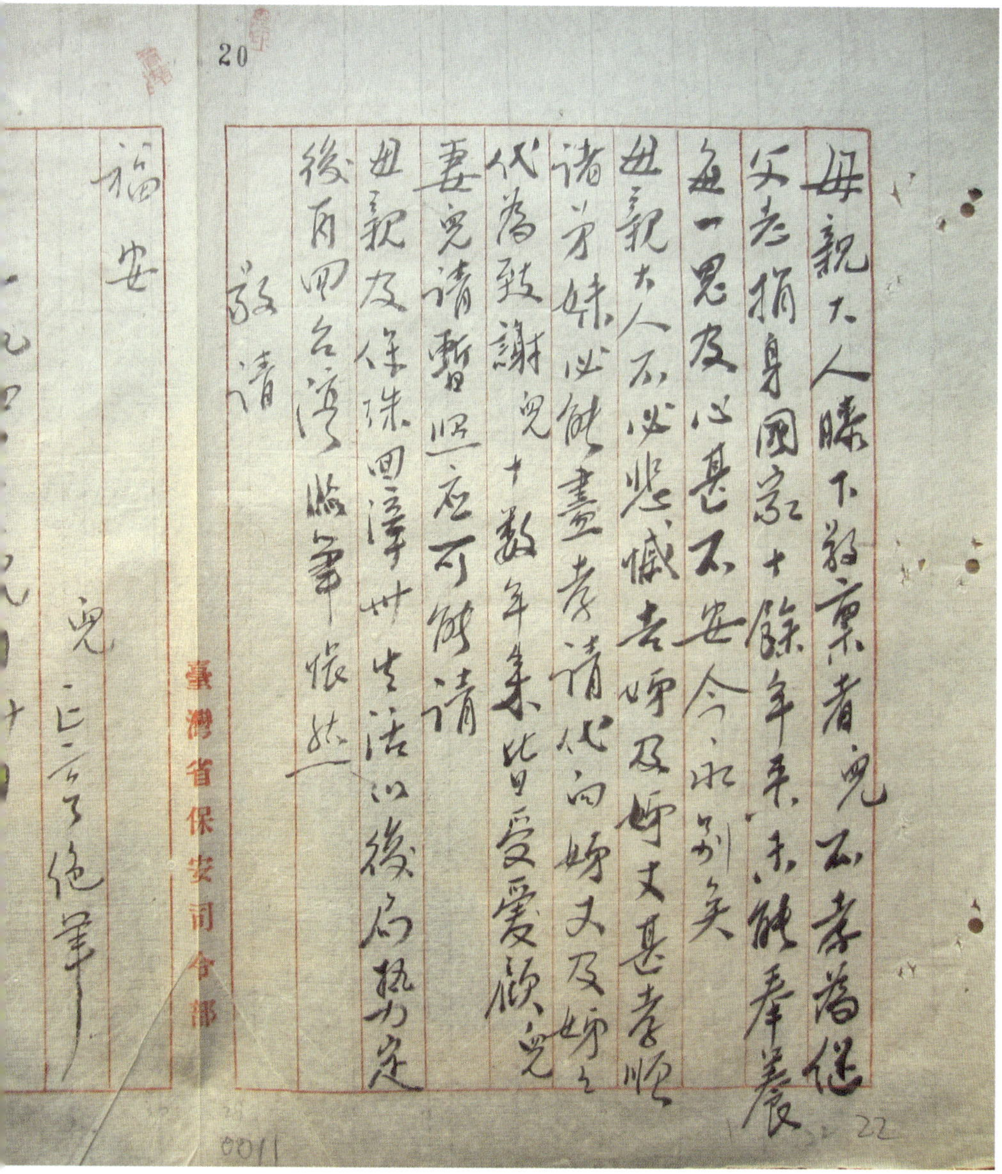
20

母親大人膝下：敬稟者，兒不孝，為從父志，捐身國家，十餘年來，未能奉養，每一思及，心甚不安。今永別矣，母親大人不必悲慼，吾姊及姊丈甚孝順，諸弟妹必能盡孝，請代向姊丈及姊姊代為致謝，兒十數年來皆受愛顧。兒妻兒請暫照應，可能請母親及保珠回漳州生活，以後局勢安定後再回台灣。臨筆依依，

敬請

福安

兒 正亨 絕筆

臺灣省保安司令部

用清水为丈夫轻轻地擦洗全身，她要让丈夫干干净净地走，让他像以前那样英俊、潇洒地走。

穿上了西服的林正亨静静地躺在殡仪馆里，英俊的脸上显得平静而温和，少了往日的刚毅，他似乎睡得很香，像是经过了鏖战，脱掉了军装回到家中，踏实而放松。几个月来从未睡个安稳觉的他终于可以放心地睡了。那些血与火的征战、那些枪对枪的拼杀、那些东躲西藏的日夜都一去不复返了。他终于可以躺在妻子的怀中平静地享受他本该有的平静生活。他为这个国家做了太多的事情，他已经把自己该做的都做完了，因为他的生命结束了。

沈保珠将丈夫的遗体送去火化后，将骨灰送到了台中宝觉禅寺保存。沈保珠知道丈夫希望自己的骨灰能留在台湾，她满足了丈夫的要求。林正亨的骨灰一直在宝觉禅寺存放，直到今日。

林正亨牺牲时不过 35 岁，他的身上留下了日军刺刀和枪弹的伤痕，他九死一生才从抗日战场上活了下来，却没有逃脱自己同胞的杀戮，丧命于中华民国政府的枪口下。

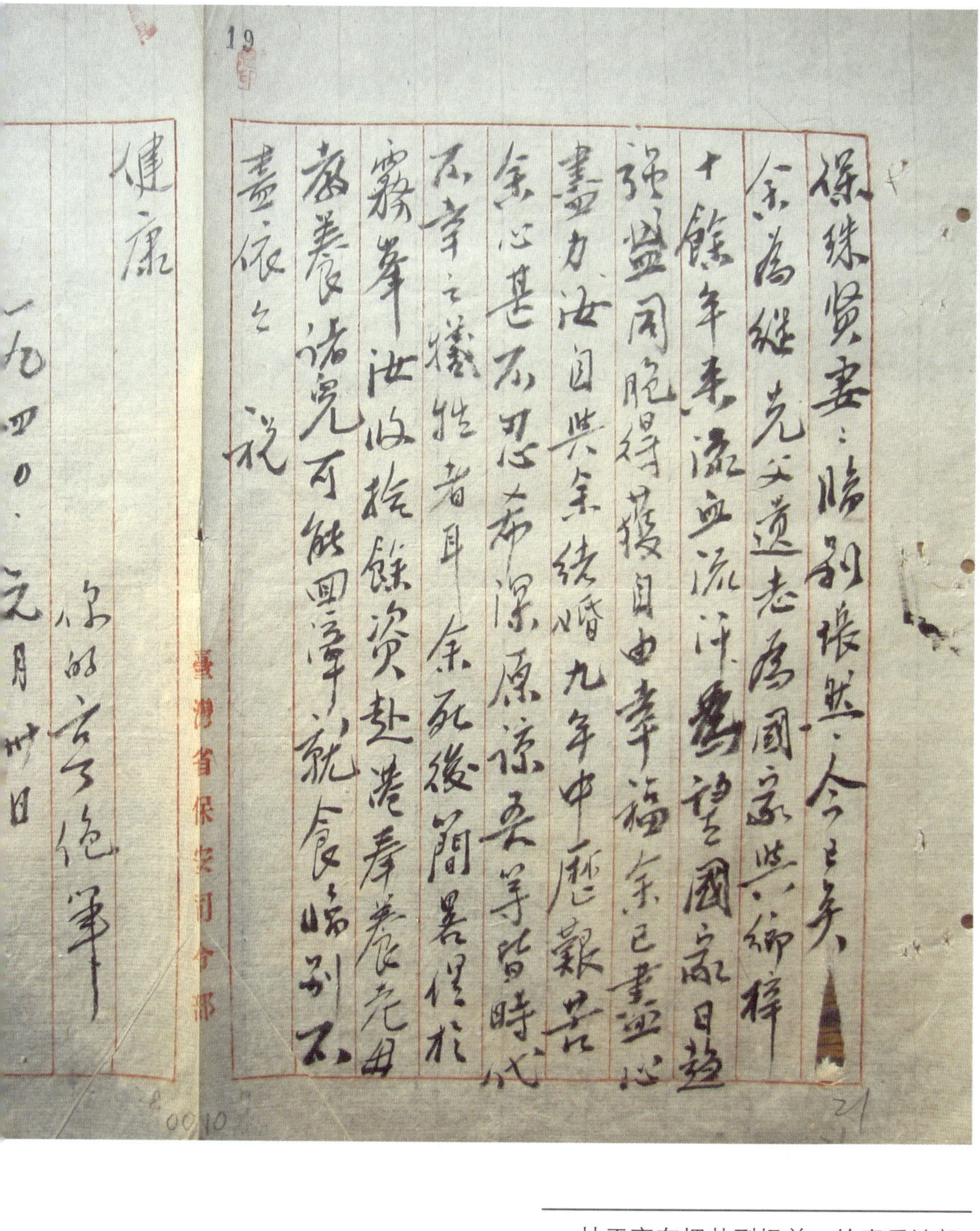

保珠賢妻：臨別悵然，今已矣，余為継先父遺志為國家與鄉梓十餘年來流血流汗，為望國家日益強盛同胞得獲自由幸福，余已盡心盡力，汝自與余結婚九年中歷艱苦，余心甚不忍，希深原諒，妻等皆時代不幸之犧牲者耳。余死後簡畧信於霧峯，汝收拾餘資赴港奉養老母，教養諸兒，可能回鄉就食，臨別不盡依依之祝
健康
你的亨絕筆
一九四〇、元月卅日

▲林正亨在押赴刑场前，给妻子沈毅的留言（落款处日期应为一九五〇年，此为作者笔误——编者注）

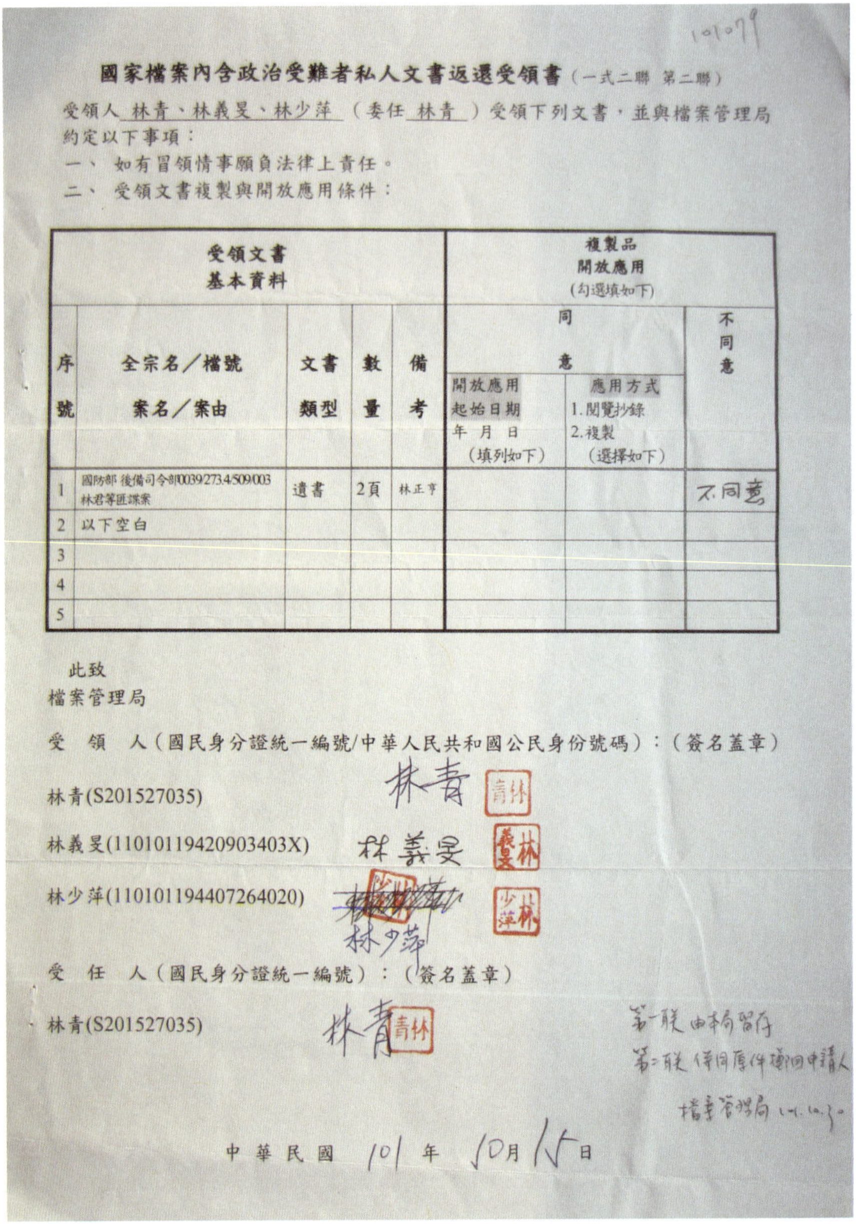

101079

國家檔案內含政治受難者私人文書返還受領書（一式二聯 第二聯）

受領人 林青、林義旻、林少萍 （委任 林青 ）受領下列文書，並與檔案管理局約定以下事項：

一、 如有冒領情事願負法律上責任。

二、 受領文書複製與開放應用條件：

受領文書基本資料					複製品開放應用（勾選填如下）		
					同意		不同意
序號	全宗名／檔號 案名／案由	文書類型	數量	備考	開放應用起始日期 年 月 日 （填列如下）	應用方式 1.閱覽抄錄 2.複製 （選擇如下）	
1	國防部 後備司令部0039/273.4/509/003 林君等匪諜案	遺書	2頁	林正亨			不同意
2	以下空白						
3							
4							
5							

此致

檔案管理局

受 領 人（國民身分證統一編號/中華人民共和國公民身份號碼）：（簽名蓋章）

林青(S201527035) 林青 [印：林青]

林義旻(110101194209034O3X) 林義旻 [印：林義旻]

林少萍(110101194407264020) 林少萍 [印：林少萍]

受 任 人（國民身分證統一編號）：（簽名蓋章）

林青(S201527035) 林青 [印：林青]

第一联由本局留存

第二联併同原件遞回申請人

檔案管理局 101.10.30

中 華 民 國 101 年 10月 15 日

▲林正亨牺牲前的两封留言，一直保存在台湾档案管理局，2012 年始返还遗属，此为返还受领书

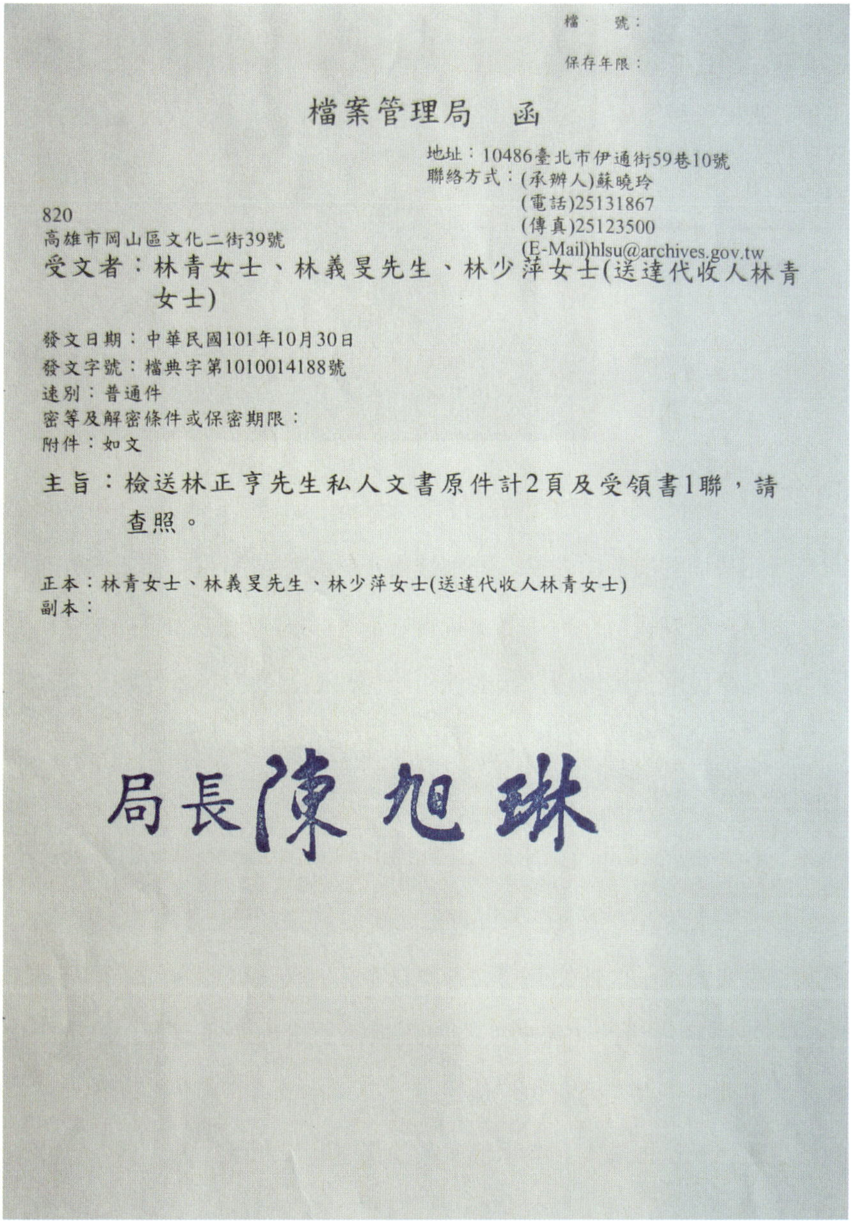

檔　號：

保存年限：

檔案管理局　函

地址：10486臺北市伊通街59巷10號
聯絡方式：(承辦人)蘇曉玲
(電話)25131867
(傳真)25123500
(E-Mail)hlsu@archives.gov.tw

820
高雄市岡山區文化二街39號

受文者：林青女士、林義旻先生、林少萍女士(送達代收人林青女士)

發文日期：中華民國101年10月30日
發文字號：檔典字第1010014188號
速別：普通件
密等及解密條件或保密期限：
附件：如文

主旨：檢送林正亨先生私人文書原件計2頁及受領書1聯，請查照。

正本：林青女士、林義旻先生、林少萍女士(送達代收人林青女士)
副本：

局長陳旭琳

▲林正亨牺牲前的两封留言，一直保存在台湾档案管理局，2012 年始返还遗属，此为档案管理局给家属的信函

▶1950 年 1 月 30 日，林正亨于台北马场町被枪杀后置放在极乐殡仪馆的遗体

1993 年台湾作家蓝博洲在《新国会》杂志创刊号上发表了题为《第一个刑死马场町的台湾人》，详细披露了林正亨遭国民党捕杀的经过，他之所以被处以极刑，判决书上说得很清楚，因为他参加了拥护共产党的党派台湾民主自治同盟，接受该组织的津贴，散发进步刊物，与国民党为敌。同时被捕的 18 个人，其中 7 个是台盟盟员，2 人被判死刑，5 人被判 12 年徒刑。

和他一起战斗过的进步青年，被判刑 12 年，在绿岛的监狱里经受了血与火的考验，如今尚在人世者也已年迈体衰，但是每年春天和秋天，那春华秋实的日子，他们都要去祭奠这个为台湾人民献身的革命英雄。

林正亨牺牲后，沈保珠去监狱认领他的遗物，遇到关在牢里的中共台北市委负责人，他对沈保珠说：“正亨在狱中表现很好，你要节哀顺变，把孩子拉扯成人，继承他父亲的遗志！”

▼黄土坡为林正亨执行死刑的地方

▲ 执行林正亨死刑的马场町刑场石碑

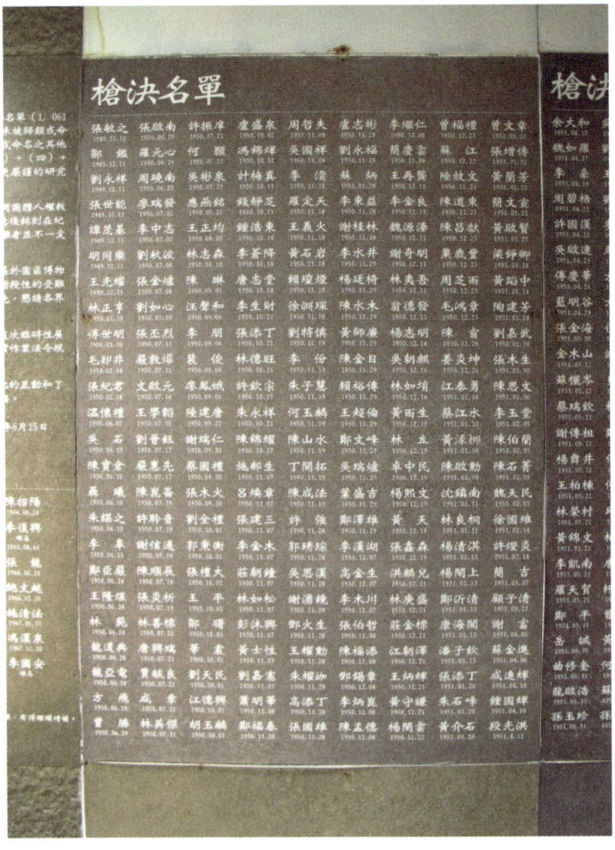

◀ 绿岛公布死刑名单

▲ 死刑政治犯名单中的林正亨

▼ 台中宝觉禅寺林正亨骨灰盒

▼绿岛监狱

第五章 台湾儿女 祖国情怀

林正亨牺牲后，沈保珠像是天塌了一样，这对令人羡慕的恩爱夫妻曾经是那样相爱，他们的结合又是那样不容易，为了国家民族的利益，他们放弃了自己本该是平静、幸福的生活，放弃了本该属于他们自己的财富，投身到这个没有任何酬劳，没有任何生活保证的事业中，冒着牺牲性命的危险在前方冲杀，而得到的却是无尽的相思之苦，无尽的分别之苦，无尽的永别之苦。

沈保珠也是令我们敬佩的人。

沈保珠出身于印尼的富商家庭，是父母的掌上明珠。她本可以在家中安享平静富足的日子，她本可以嫁入豪门，过着衣食无忧的阔太太生活，养养小狗，打打麻将，弄弄花草。她不需要为了生活去打工，她不需要整日为了油盐酱醋去东凑西借，她也不需要为了担心丈夫的生死安危而彻夜不眠。但她的追求和信仰改变了她的一切，这种选择使她过上了另外一种生活。

林正亨的死使沈保珠陷入无尽的悲伤之中，生活对于她来说已经失去了意义。直到有一天她想起了丈夫留给她的最后一句话："你要好好带孩子，去大陆找双盼。"她才猛然从噩梦中醒来，她想起了在香港的儿子和女儿，还有留在台湾的不满一岁的女儿小青，她不能死，她要把丈夫留下的骨肉养大成人，让他们继承父亲的遗志。她重新开始了计划，准备去香港找她的一双儿女。

想要离开台湾谈何容易，沈保珠的家里住进了两个省保安司令部的特务，除了看守沈保珠外，他们还想抓捕和林正亨有关的地下工作者。一天清早，担任地下党交通员的阿雪来到林正亨家。正巧，沈保珠提篮

▲林青出生三个月时和母亲沈毅在台北留影

出去买菜，在大门外遇到了阿雪。她淌着泪对沈保珠说：“林太太，实在对不起，17日那天，上级让我通知正亨转移，我因事耽搁了，正亨被捕牺牲，我有责任……”话还没说完，沈保珠就推她走：“我家里有狗，你快走！快走！”

阿雪没有落到特务手里，可沈保珠却在特务的掌控之中。他们在她家吃饭、睡觉、打牌、聊天。沈保珠每天要给他们买菜做饭，还要提防有人来找林正亨。她筋疲力尽，想要自杀。过去从不抽烟的她，一天能抽五十支香烟，想用这法子慢性自杀，可这也不是办法。于是，沈保珠找到保安司令部，对他们说：“人已经被你们打死了，凭什么还在我家住两个人？我没有工作，养不起他们，你们干脆打死我算了！”保安司令部没办法，只好撤走了特务。但规定沈保珠每星期必须到当地派出所汇报一周情况，不得离家出走。

为了逃出台湾，沈保珠在朋友李昌芹的帮助下，将自己的名字改成王露萍，并且改头换面地化了妆。在离开台湾的前一天，沈保珠心情非常矛盾，小女儿小青还没有断奶，靠着奶妈的奶水活着，假如自己把她带走，万一走不了被宪兵队抓回，关进监狱，自己没奶水养活不了小青，岂不害了她？沈保珠认为顶多一两年解放军就会解放台湾，到时自己来接女儿。因为她听丈夫说过：百万解放军已经在福建沿海集结，准备渡海解放台湾。于是，她把家里所有家产都变卖了，拿着两根金条对照顾小青的奶妈说：“你先帮我照看好小青，一年之后我来接孩子。”奶妈是个穷苦人，她的两个孩子都是林正亨在世时，帮她送到育婴堂救活的。她对沈保珠说：“你就把女儿送给我吧！我没女儿，会好好照顾她的！”沈保珠坚决地拒绝了：“小青是林家骨血，她父亲死时让我把孩子们拉扯成人，我没有权利送给你！”

临离开台湾时，沈保珠由于舍不得，还是准备将小青带走，她甚至带上了小青的换洗衣服，但她不知自己能否顺利离开台湾，犹豫了再三，还是将小青留下了。凌晨时分，她终于提着箱子离开泉州街四巷四号，去基隆码头。

在嘈杂的旅客中，国民党的警察、特务在人群中巡视、搜索。沈保珠低着头躲开他们的察看。9 点钟，船开了，走十分钟刚出港口船就停下来不走了。一艘警备船靠近渡轮，上来很多国民党宪兵，挨着房间搜查。沈保珠以为是来抓自己的，非常紧张，恨不得找个地方藏起来，可是船舱那么小的地方往哪里藏？她只好听从命运的安排。但她没有被抓走，船又开了。后来才知道他们是来抓 16 岁到 56 岁男人的，蒋介石扼守台湾需要有足够兵源，因此下令不许中青年男性离开台湾。船虽然开了，但沈保珠心情并不好，小女儿没有带出来让她后悔，这一路虽然担惊受怕的，但女儿没在身边更让她难受。好不容易到了香港，沈保珠后悔得肠子都断了，要是把小青带出来该多好啊？可现在已经是隔海相望了。她那么小，就把她一个人丢在那里，沈保珠心像刀割一样地痛。

就这一念之差，让沈保珠与小女儿 30 年之后才见面，让她尝尽骨肉分离的痛苦。再见面女儿已经是成年人，而沈保珠自己也跨入老年。这件事情成为她终身的遗憾。

沈保珠到了香港时，她的另外两个孩子已经被党组织接到了北京。林正亨的妹妹林冈当时在北京，担任中华人民共和国铁道部外事处干部。她嫁给了统战部党派处处长鲁明。1950 年 1 月 31 日上午，鲁明匆匆告诉林冈，《参考消息》上刊登了林正亨被捕牺牲的消息，让她找来看一看。林冈找来《参考消息》，果然上面刊登着林正亨于 1 月 30 日牺牲的消息，她忍不住哭了起来，拿着报纸找到铁道部负责人，提出烈士儿女现在在香港，怎么办？负责人说：“烈士的孩子我们来管。你去香港接孩子，给你三天假行不行？”林冈二话没说，立即赶赴香港。她身着军装，没有便服。到广州后，从朋友那儿借了便服去香港，到香港后，见到母亲和孩子，特别是两个孩子天真可爱的样子，惹得她泪流满面。这时，母亲还不知道林正亨已被枪决的消息。当天，刊登这一消息的报纸，被亲人们藏了起来，怕她经受不起这个噩耗。她奇怪林冈见了孩子为什么会哭。林冈说，她刚怀孕，情绪容易激动，所以爱哭。虽然林正亨的姐姐林双吉也想照顾正亨的两个孩子，但自己已经有6个孩子了，再加上两个实在照顾不过来，便让孩子来到北京。

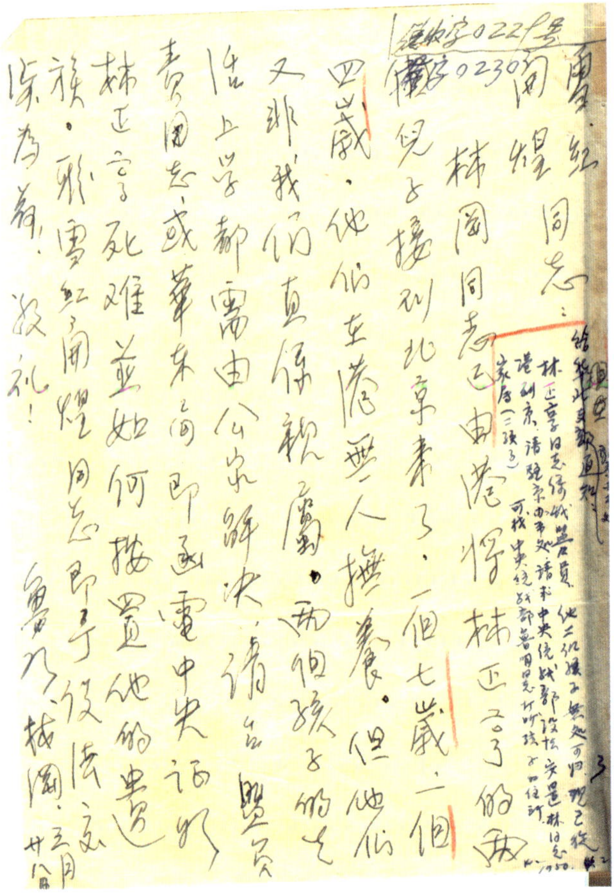
雪红
克煌同志：
林冈同志已由港将林正亨的儿子接到北京来了，一个七岁，一个四岁。他们在港无人抚养。但他们又非我们直系亲属。两个孩子的生活上学都需由公家解决，请台盟负责同志或华东局即函电中央询问林正亨死难并如何按置他的遗族。谢雪红、杨克煌同志即予设法实为幸！
敬礼！
鲁明
林冈
三月廿八日

◀林冈、鲁明致谢雪红、杨克煌的信件及谢雪红的批示正亨的两个孩子到北京后，1950年3月28日，林正亨的妹妹林冈、妹夫鲁明致信谢雪红、杨克煌，要求台盟协助解决林正亨抚恤、子女抚养等问题的信件。该信编号为总(台盟总部)收字0229号，内容辑录如下：

雪红、克煌同志：

林冈同志已由港将林正亨的两个儿（孩）子接到北京来了，一个七岁，一个四岁，他们在港无人抚养。但他们又非我们直系亲属，两个孩子的生活上学都需由公家解决，请台盟负责同志或华东局即函电中央证明林正亨死难并如何按（安）置他的遗族。请雪红克煌同志即予设法交涉为荷！

敬礼！

鲁明、林冈　三月廿八日

并后附林正亨证明材料，摘录如下：

林正亨，共产党员，台湾民主同盟盟员，一九四九年八月在台湾机关被破获被捕，今年一月三十日在台被蒋匪公开枪毙。林正亨同志是台湾有名的反日领袖林季商（即林祖密——编者注）的儿子，林季商在大革命时在福州从事革命活动，被国民党张继之弟张毅枪毙于漳州（叶剑英同志曾在那时与林一起搞过革命活动），林正亨同志在抗日战争中在缅甸负过重伤，较场口事件时他也被捕。一九四五年回台湾，参加过“二二八”事件。

谢雪红在信件之右下角批示：

给（台盟）华北支部通知：

林正亨同志系我盟盟员，他二个孩子无处可归，现已从港到京，请（台盟总部）驻京办事处请求中央统战部设法安

▼随信的有关林正亨身份证明材料（1）

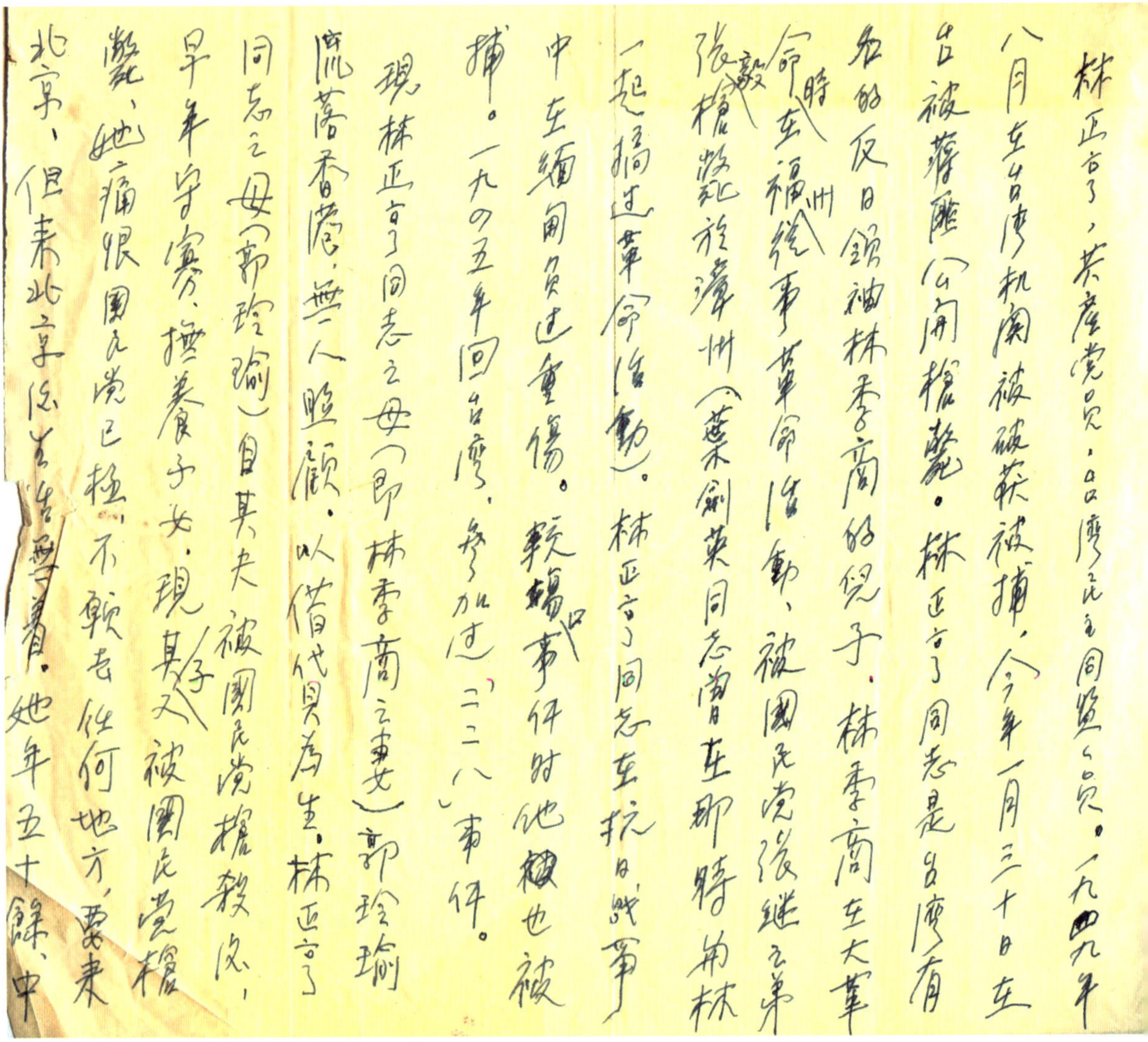

林正亨，共产党员，台湾民主同盟盟员。一九四九年八月在台湾机关被破获被捕，今年一月三十日在台被蒋匪（公开枪毙）。林正亨同志是台湾有名的反日领袖林季商的儿子，林季商在大革命时在福州从事革命活动，被国民党张继之弟张毅枪杀于漳州（叶剑英同志曾在那时与林一起搞过革命活动）。林正亨同志在抗日战争中在缅甸负过重伤。较场口事件时他也被捕。一九四五年回台湾，参加过“二二八”事件。

现林正亨同志之母（即林季商之妻）郭玲瑜流落香港，无人照顾，以借代贷为生。林正亨同志之母（郭玲瑜）自其夫被国民党枪杀后，早年守寡，抚养子女，现其子又被国民党枪毙，她痛恨国民党已极，不愿去任何地方，要来北京，但来北京后生活无着。她年五十余，中

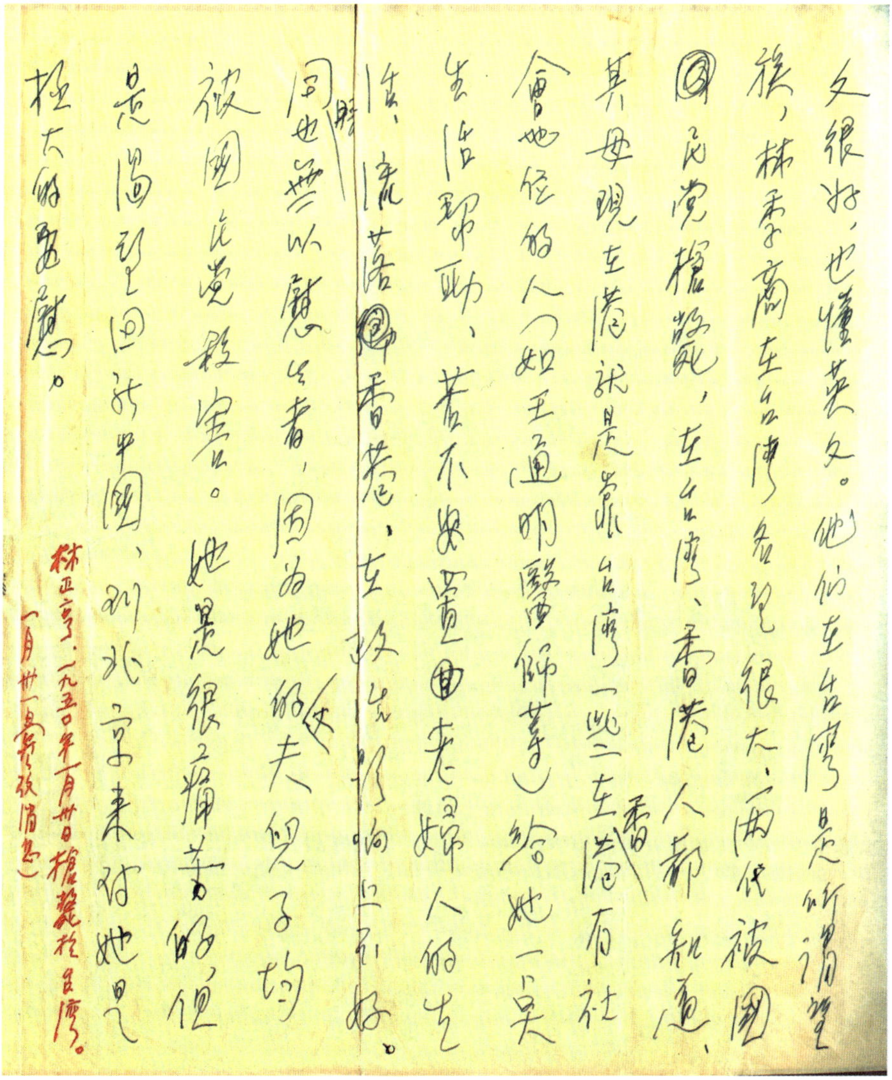
文很好，也懂英文。她们在台湾是所谓望族，林季商在台湾名望很大，两代被国民党枪毙，在台湾、香港人都知道，其母现在港，就是靠台湾一些在香港有社会地位的人（如王通明医师等）给她一点生活帮助，若不然置由老妇人的生活，流落香港，在政治上影响上不好。同时也无以慰生者，因为她的丈夫儿子均被国民党杀害。她是很痛苦的，但是渴望回到新中国，到北京来，对她是极大的安慰。

林正亨，一九五〇年一月廿日枪毙于台湾。
（一月廿一日参考消息）

▲随信的有关林正亨身份证明材料（2）
谢雪红关于《参考消息》的脚注

▼1950 年 1 月 31 日，台湾报纸刊发消息。林正亨后被大陆追认为“革命烈士”

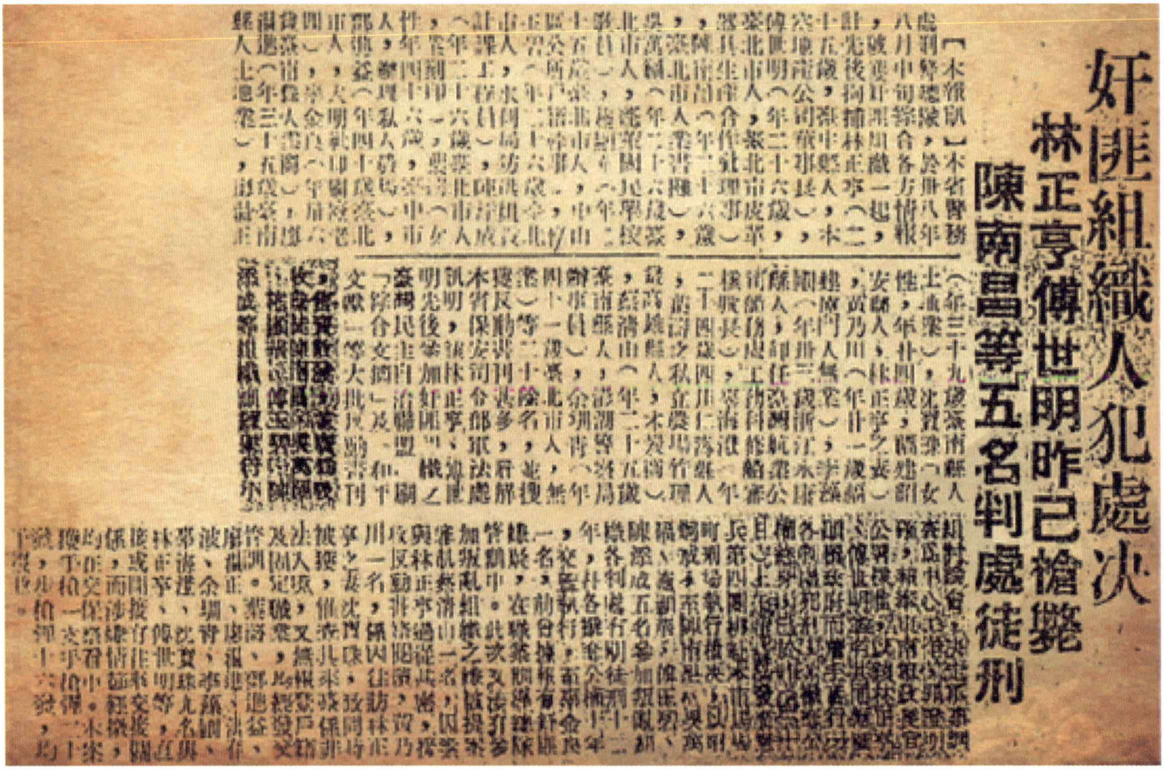

奸匪組織人犯處決

林正亨傅世明昨已槍斃

陳南昌等五名判處徒刑

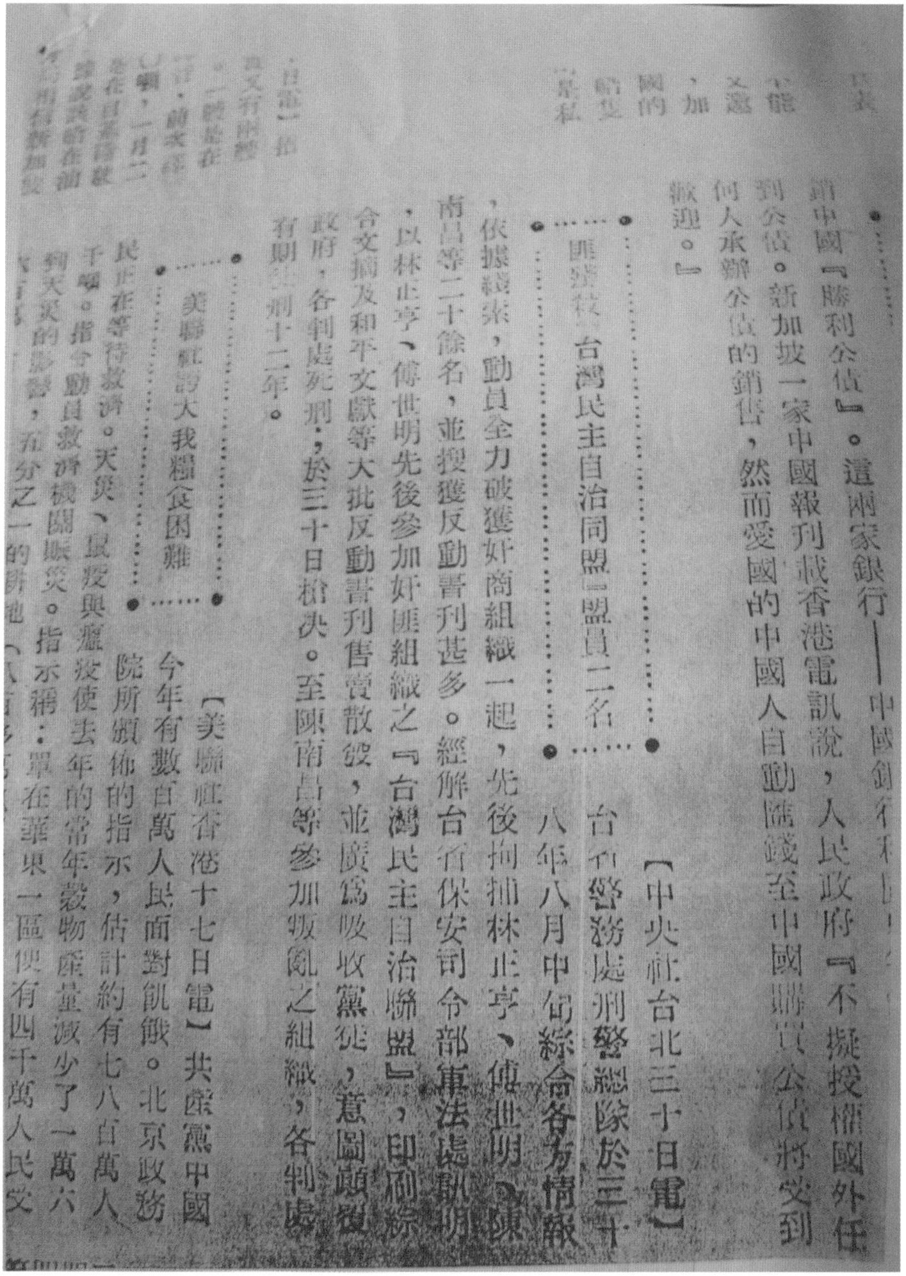

銷中國『勝利公債』。這兩家銀行——中國銀行和……到公債。新加坡一家中國報刊載香港電訊說，人民政府『不擬授權國外任何人承辦公債的銷售，然而愛國的中國人自動匯錢至中國購買公債將受到歡迎。』

匪殘殺『台灣民主自治同盟』盟員二名

【中央社台北三十日電】台省警務處刑警總隊於三十八年八月中旬綜合各方情報，依據線索，動員全力破獲奸商組織一起，先後拘捕林正亨、傅世明、陳南昌等二十餘名，並搜獲反動書刊甚多。經解台省保安司令部軍法處判明，以林正亨、傅世明先後參加奸匪組織之『台灣民主自治聯盟』，印刷綜合文摘及和平文獻等大批反動書刊售賣散發，並廣為吸收黨徒，意圖顛覆政府，各判處死刑，於三十日槍決。至陳南昌等參加叛亂之組織，各判處有期徒刑十二年。

美聯社誇大我糧食困難

【美聯社香港十七日電】共產黨中國今年有數百萬人民面對飢餓。北京政務院所頒佈的指示，估計約有七八百萬人民正在等待救濟。天災、鼠疫與瘟疫使去年的常年穀物產量減少了一萬六千噸。指令動員救濟機關賑災。指示稱：單在華東一區便有四千萬人民受到天災的影響，五分之一的耕地（八百多萬……

▲1950 年 1 月 31 日，《参考消息》刊载的《匪残杀“台湾民主自治同盟”盟员二名》

置林同志家属（二孩子），可找中央统战部鲁明同志打听孩子的住所。

1950.4.2

又在林正亨证明材料左下角注曰：

林正亨，一九五〇年一月卅日枪毙于台湾。一月卅一日《参考消息》。

《参考消息》在1957年前未公开发行，仅供高层领导内部参考，之后才将发行范围覆盖到 “县处级”以上领导，直至1985年，《参考消息》才开放订阅。

当期的《参考消息》以《匪残杀“台湾民主自治同盟”盟员二名》为题转刊“中央社台北三十日电”，文章内容全文如下：

【中央社台北三十日电】台省警务处刑警总队于三十八年八月中旬综合各方情报，依据线索，动员全力破获奸商组织一起，先后拘捕林正亨、傅世明、陈南昌等二十余名，并搜获反动书刊甚多。经解台省保安司令部军法处讯明，以林正亨、傅世明先后参加奸匪组织之“台湾民主自治联盟”，印刷综合文摘及和平文献等大批反动书刊售卖散发，并广为吸收党徒，意图颠覆政府，各判处死刑，于三十日枪决。至陈南昌等参加叛乱之组织，各判处有期徒刑十二年。

该期参考消息以极其明确的标题为林正亨的台盟盟员身份提供了重要依据，结合新中国成立初期台盟档案中一张《台湾革命烈士登记表》，及谢雪红来往信件与批示，充分证明林正亨确为台湾民主自治同盟盟员。

两个孩子被安排到有着革命光荣传统的洛杉矶托儿所。这个幼儿园是抗战时期，宋庆龄先生去美国洛杉矶募款，在延安革命根据地建起

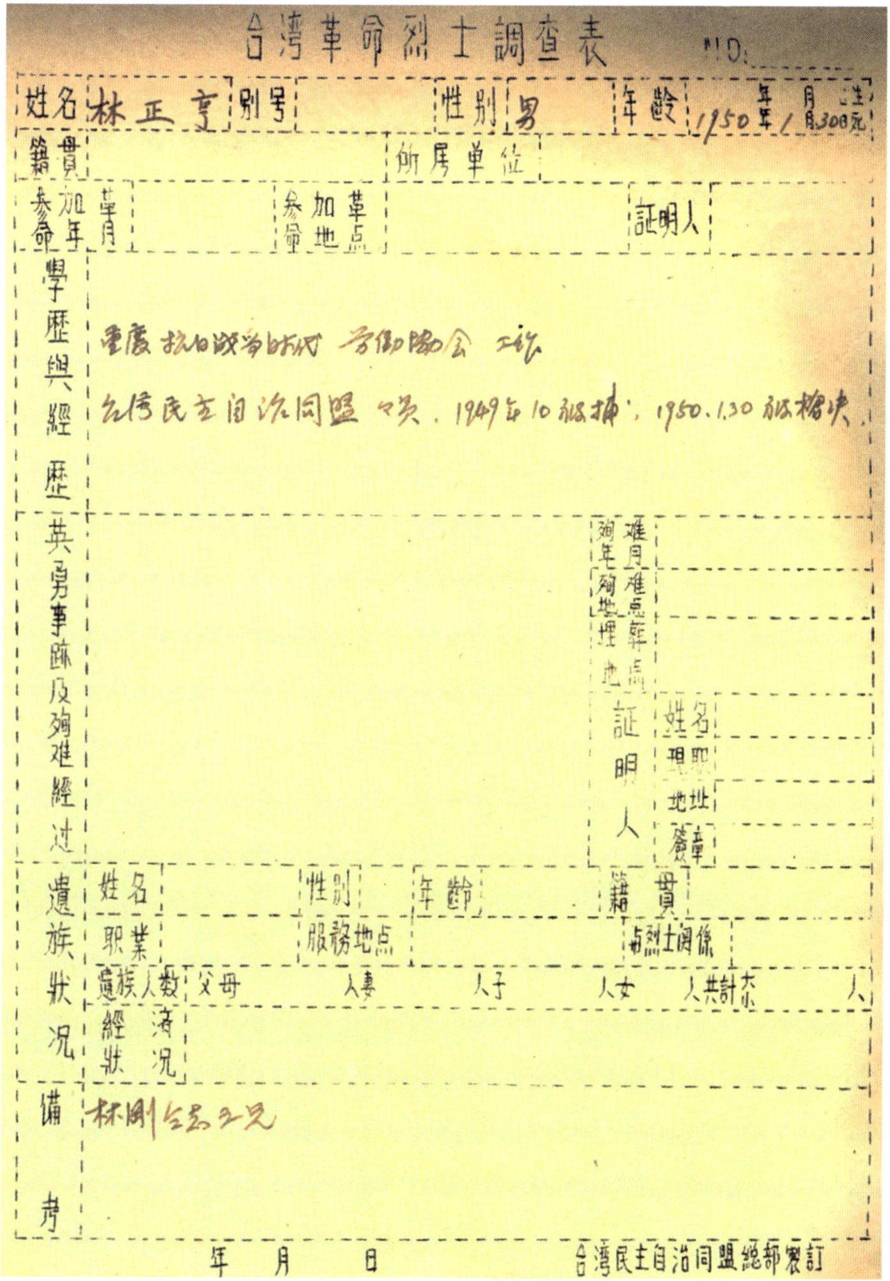

台湾革命烈士調查表 NO:

姓名 林正亨 別号 性別 男 年齡 1950年1月30日生

籍貫 所属单位

参加革命年月 参加革命地点 証明人

學歷與經歷：
重庆抗日战争时代 劳动协会 工作
台湾民主自治同盟 盟员，1949年10月被捕，1950.1.30被枪决。

英勇事跡及殉难經过

殉难年月 殉难地点 埋葬地点

証明人 姓名 現職 地址 簽章

遺族狀況 姓名 性別 年齡 籍貫 職業 服務地点 与烈士関係

遺族人数 父母 人 妻 人 子 人 女 人 共計 人

經濟狀況

備考 林刚台盟主兄

年 月 日 台湾民主自治同盟總部製訂

▲台盟中央组织部保存的《台湾烈士登记表》

▼1975 年 9 月 11 日，林正亨在台湾的中共地下党战友张砚为其写的证明信。上世纪 40 年代末，张砚在中共台湾省工委领导下，与林正亨等从事革命活动

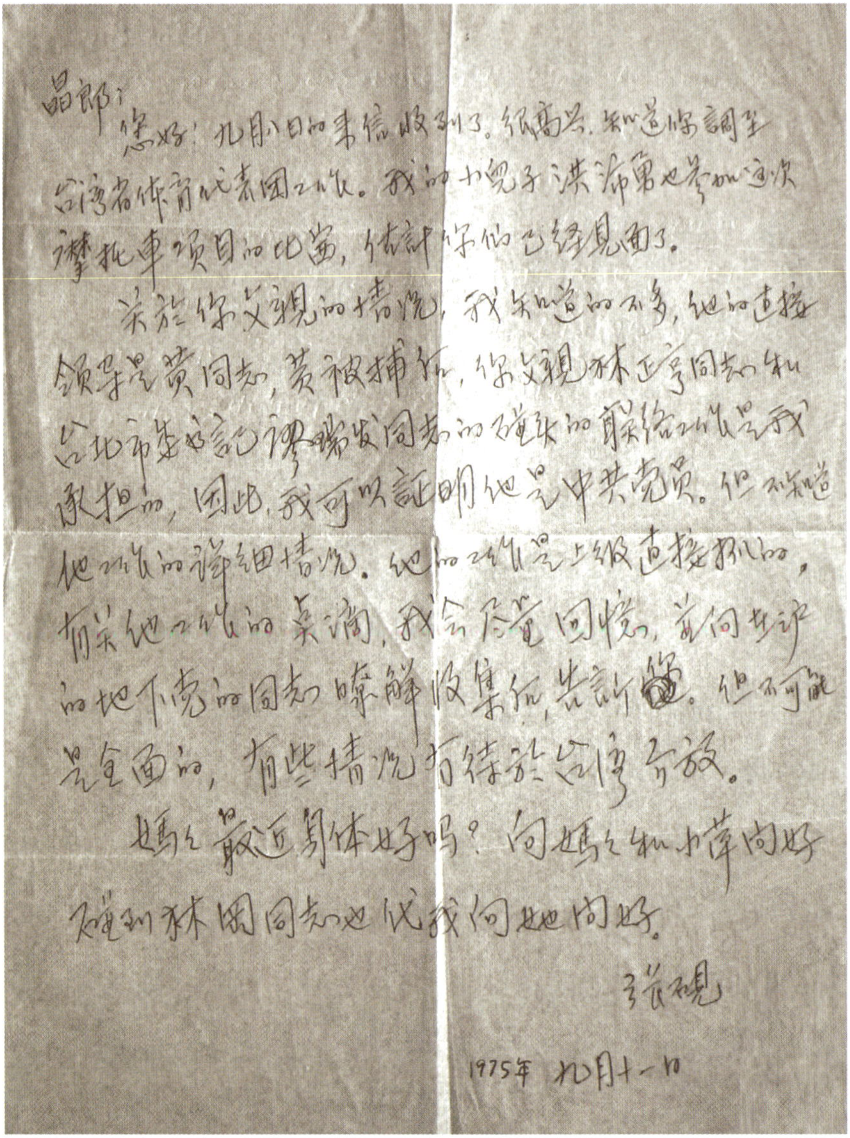

晶郎：

您好！九月八日的来信收到了。很高兴，知道你调至台湾省体育代表团工作。我的小儿子洪沛第也参加这次摩托车项目的比赛，估计你们已经见面了。

关於你父亲的情况，我知道的不多，他的直接领导是黄同志，黄被捕后，你父亲林正亨同志和台北市委书记谬端发同志的碰头的联络工作是我承担的，因此，我可以證明他是中共党员。但不知道他工作的详细情况。他的工作是上级直接抓的，有关他工作的点滴，我会尽量回忆，並向其他的地下党的同志瞭解收集后，告訴你。但不可能是全面的，有些情况有待於台湾解放。

妈妈最近身体好吗？向妈妈和小萍问好。碰到林同同志也代我向她问好。

张砚

1975年 九月十一日

的，专收革干、革烈子女入学。后迁至北京。

沈保珠历经艰难险阻到北京后，在这个托儿所见到了两个孩子，已经丢下一个，这两个决不能再出任何差错。他们不光是她的命根子，更是正亨的骨肉，她要把他们抚养成人，让正亨的血脉延续下去。只有这样她才感到对得起正亨。

沈保珠到北京后，组织上立即给她分配了工作，把她安排在台盟（台湾民主自治同盟）总部工作，从此她改名为沈毅。1954年，台盟主席谢雪红从上海调到北京工作后，组织上安排沈毅给她担任秘书。谢雪红当时还担任全国政协、全国人大等职务，她当年在台湾“二二八”事件中，是台湾中部的起义领袖，成立了一个反抗国民

▼中华人民共和国民政部颁予林正亨同志的革命烈士证明书

▲1950 年，沈毅到位于北京万寿寺的洛杉矶托儿所看望子女

▲1950 年，林义旻（中立者）、林少萍（前排左一）兄妹与奶奶郭玲瑜（右坐者）及林冈姑姑（后排立者）合影

党镇压民众的武装斗争的部队。谢雪红对林正亨很钦佩，知道林正亨在台中参加了武装起义，是非常活跃的人物。谢雪红一生无子女，对常来台盟总部玩的林家子女非常关爱。

1958 年谢雪红被打成“右派”，沈毅也受到牵连。

沈毅被打成“右派”后，生活极其艰苦，她一个人带着两个未成年的孩子，靠那一点点工资生活。孩子对此十分不解，妈妈历经千辛万苦冒着生命危险从台湾回到大陆，为什么成为“右派”？为什么反党反社会主义？儿子实在忍不住，跑来问妈妈：“你大老远从台湾跑到大陆，就是来投靠共产党的，为什么要反共产党呢？”沈毅面对儿子的质问不知如何回答。“妈妈没有反对共产党。”她说。“那你为什么会被打成右派？”儿子睁大眼睛望着妈妈。是啊，你没有反对共产党却被打成“右派”，为什么？沈毅自己也不知道为什么。她感到自己如此的委屈，如此的痛苦，又该向谁去诉说呢？只有自己忍受。这一忍就是几十年。当白发爬上额头时，她终于接到

▼1953 年，沈毅与儿女在颐和园

▼20 世纪 50 年代，台盟主席谢雪红（二排右四）与部分台盟盟员和台胞。（二排右五为林正亨岳母黎秀英，右六为林正亨妻子沈毅；一排右一为林正亨长子林义旻，右二为林正亨的嫂嫂王毓媚，右四为林正亨长女林少萍）

了组织上给她的平反通知书。当来人给她念通知书时，她说："我从来不承认自己是右派，是你们硬将帽子扣在我头上的。"

沈毅32岁守寡，她把爱都倾注到儿女身上，很多人都劝她改嫁，甚至一些热心人开始为她张罗，但都被她拒绝。她对他们说："为了孩子们，我不改嫁。否则，对不起他们的父亲。"不管生活多么艰苦，她始终自己一个人带着孩子们生活。那时一个月只有62元工资，但她就靠着这62块钱把两个孩子拉扯成人。

在国内沈毅什么样的生活都能忍受，什么样的苦都能吃，但最让她挂念和担心的是她留在台湾的小女儿。那是她心中永远的痛，那是她终身都痛苦不堪的根源所在。

▼1956年，林青（中）被接到三姑林双祝家与姑姑、姑父全家合影

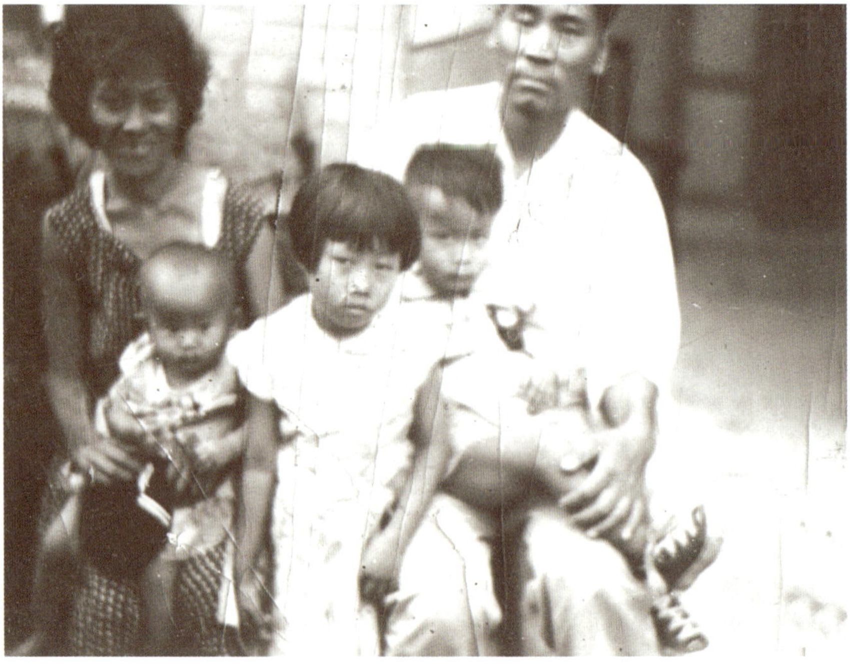

▲20 世纪 60 年代初，林冈与沈毅两家人合影

小青在台湾奶奶家里过着穷困愁苦的生活。6 岁那年，她和奶奶在台北圆环市场卖水果。砍甘蔗时，砍刀不慎刺伤了左眼。因为没钱治疗，左眼很快失明了。林正亨的母亲此时在印尼生活，听到这一情况，就写信给台湾的林双祝，让她一定要把小青买回来。林双祝和丈夫在台北花了 300 美元从奶奶手里买回了小青。从 8 岁起，小青就给姑姑带孩子，13 岁起，成了姑姑的管家。双祝姑生了 6 个孩子，都是小青一个个带大的。全家九口人仅靠姑父小学教员的工资养活，生活极其困难。小青带着孩子卖报纸、捡破烂、做佣工，撑持着这个家庭的生活。有一次，姑姑走失了，姑父到处寻找她。邻居见小青家好几天烟筒不冒烟了，进家里一看，小青和几个孩子躺在床上，已经几天没吃东西了，无力起床。他们赶紧拿来一些米粥救济他们。

▼1976年年初，郭玲瑜（左三）和沈毅（右一）林义旻（右二）及林少萍（左二）、林义旻妻子徐敬春在北京家中合影

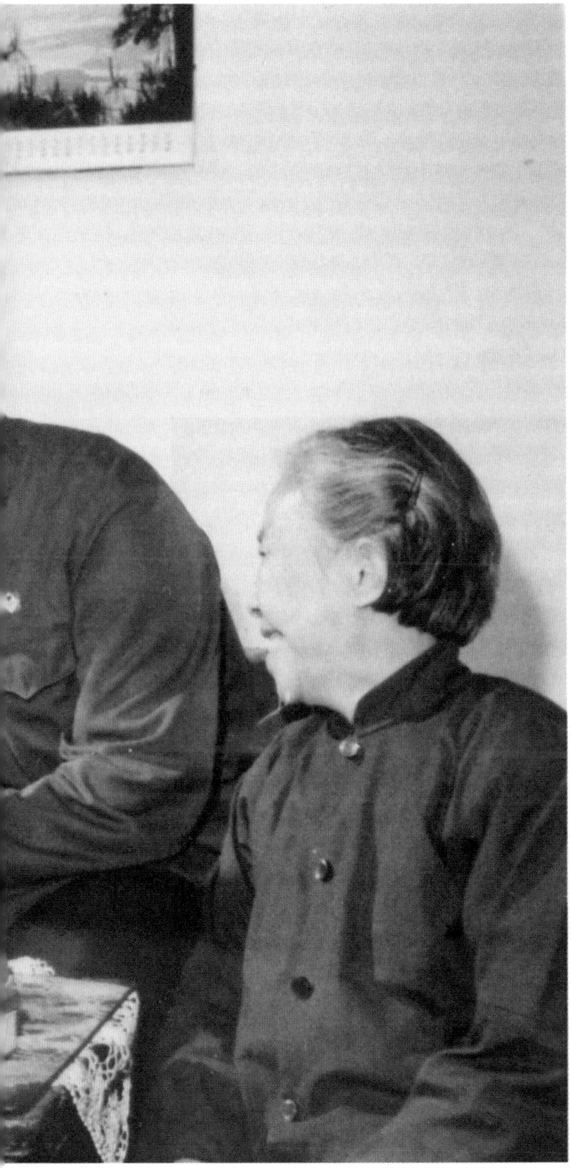

1970年，林正亨的母亲从印尼去日本看望儿子，路经台湾时，特地去探寻小青一家。她见到小青，看她在小姑家生活十分贫苦，就想把小青带到日本，再送其到大陆与沈毅母女相见。她对小青说：“你想妈妈吗？我带你去找他们。”但小青不愿意，回答：“我恨妈妈！她把哥哥姐姐都带走了，就把我一人扔在台湾。要是不喜欢我，为什么还生我呢？生了我，又不管我，这一辈子都不想见到她！”

1975年，林正亨的母亲从日本来北京探亲，住在沈毅家，把小青这番话告诉了她。沈毅听完婆婆的话，止不住失声痛哭，她流着泪说：“我哪儿是不喜欢小青啊，当时条件不允许带她出来，若不把这些原因告诉她，我死不瞑目啊！”小青啊小青，你知道妈妈心里有多苦？你知道妈妈有多后悔？你知道妈妈把你留在台湾有多揪心？妈妈把你留在台湾是万不得已，有哪个母亲不心疼儿女？哪个做父母的不愿让儿女在自己身边？可这些话沈毅只能说给自己听，只能一个人悄悄落泪。沈毅发誓在自己有生之年一定要见到小女儿，一定要告诉她没带她出来的真正原因。

从 1979 年开始，沈毅就让儿子林义旻去申请赴香港探亲的手续（台湾去不了，只能办香港的），她想去香港与女儿见面。1980 年赴香港的签证终于批下来了，沈毅欣喜若狂。1980 年夏天，沈毅和小青通了电话，她们打算在香港会面。她马上收拾行李，期待着与女儿见面。林义旻带着沈毅从北京来到香港，住在沈毅妹妹沈保金家里，等小青赴港探亲。但兴奋很快就变成了焦虑。她与儿子到香

▼1977 年，郭玲瑜（前排左一）和林正亨妻子沈毅（前排右一）及儿孙在北京留影

▼林青（前左一）和六个表弟妹们合影

港后等了四个多月，也不见女儿身影。原来小青那时已接姑父的班，在小学校里当员工，他们属于公教人员，国民党政府不许他们赴港探亲。由于林义旻和母亲沈毅住在亲戚家，房子窄人口多，十分不方便，再加上没带什么钱，生活也很紧张。没办法，沈毅只好让儿子去香港工厂打工，挣一点钱贴补家用，减轻亲戚的负担。

沈毅有严重的哮喘病，香港气候潮湿，住处狭窄嘈杂都令她十分不舒服。沈保金让女儿阿云打地铺，把床让给了沈毅。湿热的气候让沈毅犯了喘病，整夜睡不着觉，不能躺着睡觉，只能坐在椅子上等着天亮。就这样坚持了四个月可还不见女儿从台湾过来。

沈毅实在坚持不下去了，只好对儿子说："我一天也待不下去了，我们回北京吧，要不然我可能会死在香港。"儿子劝她再多等几天，说不定小青很快就会

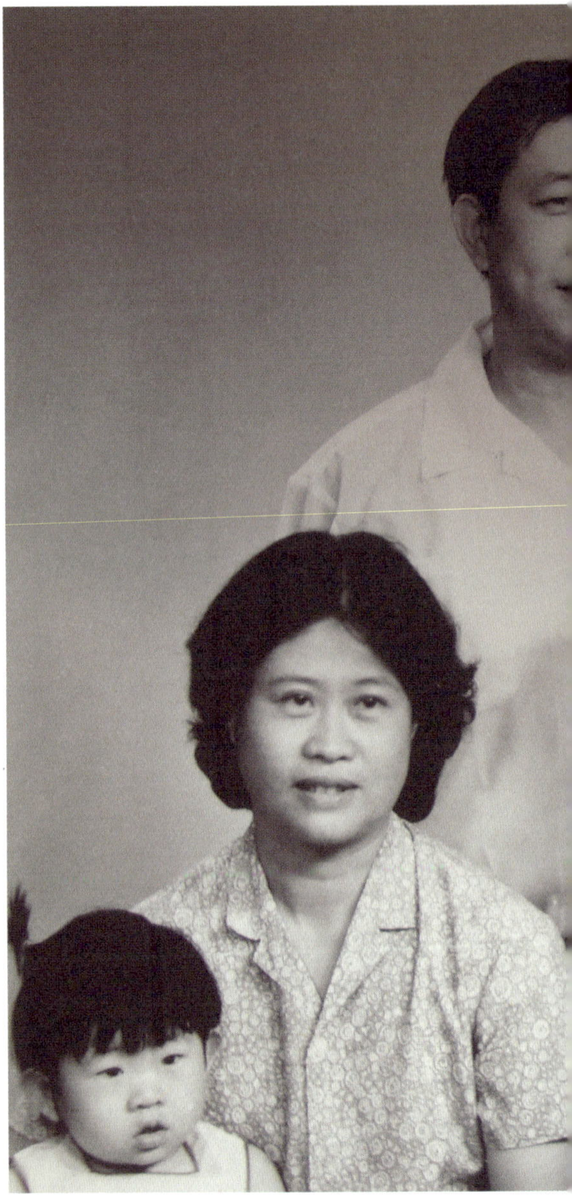

▲1981 年，沈毅（前左三）与长子林义旻（后右二）、长女林少萍（前左二）全家合影

▼1986 年，林青（中）和哥哥林义旻（左一）及嫂嫂徐敬春在香港见面合影

来了。沈毅对儿子说：“再等，我可能就死在香港了，以后再见面吧！”于是，儿子就去买火车票回北京。

但令人遗憾的是沈毅母子俩刚刚回到北京才一个星期，小青就来香港了。小青到香港赶紧给北京的哥哥打电话，让母亲和哥哥赶快过去。接到小青的电话，大家又喜又忧。喜的是小青终于到了香港，忧的是刚从香港回来，公安局是否还能批准他们再去香港？林义旻对妹妹说：“你怎么才来呀，我和母亲苦苦等了你四个月。”小青对哥哥说：“我的手续一直办不下来，就这样给耽搁了。我好不容易才办下来手续，哥哥，你们可一定要来呀。”妹妹的喊声让林义旻难过和焦急，他又跑到公安局去请求出境，再重新排队。

林义旻知道当时要求去香港探亲的人很多，有些人排队等了三年都没批下来。怎么办？看来马上回香港已经是不可能了，可家中的母亲日夜思念着女儿，三十年的骨肉分离，她迫切地想知道女儿的一切。

林义旻十分着急，也许是急中生智，他突然想到一个办法。让妹妹在香港录一盘录音带，将她这三十年的经历都录在里面，寄给北京亲人。

同时，林义旻也把全家人在大陆这三十年的经历录音寄给妹妹。让妹妹了解全家人三十年来对妹妹的思念和惦记。

这个办法很好，妹妹很快就将自己在台湾三十年来的生活情况录了一盘录音带寄给远在北京的母亲、哥哥和姐姐。录音带虽然只有三十分钟，但小青却整整录了 8 个小时。记忆像是开了闸的洪水，一发不可收拾。她边哭边录，边录边哭，说不下去时，就关掉录音机，躲到一边哭够了，接着录。她把自己这三十年在台湾的不幸遭遇都向亲人倾诉。

沈毅听完女儿的诉说，哭得死去活来。她没有想到自己一念之差，让留在台湾的小女儿受了那么多苦，她的心像被人撕裂一样地痛。她再也受不了这思念之苦，让儿子带她到深圳桥头，哪怕隔着河看看女儿说几句话也好。当儿子告诉她，在深圳桥头根本看不到河那边时，沈毅终于病倒了，她不吃饭，不睡觉，躺在床上流泪，眼看一天天瘦下去，孩子们急得没办法。

林义旻对母亲说:“您要是想见到小青，一定要起来吃饭，锻炼身体，把身体养好我们再去。否则，你一死，就更看不到小青了。”听了儿子的话，沈毅终于开始吃饭，每天跟孩子们去锻炼。身体一天一天好起来，也有了再去香港的信心。

1981 年，沈毅又开始申请去香港的手续。一年后，也就是 1982 年

6月，母子俩的申请终于批下来。接到通知，全家人高兴极了。终于又可以去看小青了。小青的手续也没问题了。这次极其顺利，沈毅与儿子到香港仅一个星期，就见到了日夜思念的小青。

1982年7月的一天清晨，沈毅和林义旻，还有阿云一起乘出租车来到启德机场。在出机口等待接机的人群里，林义旻拿着小青的照片，等候着她。小青几乎是最后几个从门口出来的乘客，根本用不着认照片，大家一眼就认出了她。

小青与母亲几乎是同时冲上去抱到一起。母女俩在机场抱头痛哭，哭声惊动了很多不知情的人。三十年的不幸遭遇让母女俩几乎无法克制自己的感情，特别是沈毅想到把女儿留在台湾的无奈，想到丈夫留下的骨肉竟然能存活下来，真是百感交集。母亲把女儿紧紧搂在怀中，生怕一松手，女儿就飞走了。三十年的苦苦等待，三十年的苦苦挣扎，三十年的苦苦煎熬，是啊，海峡两岸人为藩篱，哪家没有生别死离的故事呢？！

回到住处，母女俩几天几夜相互倾诉着分别后的思念和遭遇。当小青得知父亲是被国民党枪毙的，牺牲时只有35岁时，她几乎不能相信自己的耳朵。

“我祖父也是国民党的元老，他们为什么要杀我父亲？”三十年来没有任何人告诉她事实和真相，她几乎一点父亲的情况都不了解。

听到母亲向她讲述了把她留在台湾的过程，小青这才明白了母亲的良苦用心。没有奶水又自身难保的母亲能活下来已经不容易了，不知把小青带在身边母女俩能否活命？

小青终于原谅了母亲将自己留在台湾这个原本她非常不理解的事实，完全没有了对母亲的怨恨，她理解了母亲，特别是对父亲的了解让

▼1989 年夏天，林正亨之妻沈毅

她知道了台湾的那段遭遇，知道了自己家族的荣耀。

沈毅对女儿说："小青，这次妈妈无论如何也要带你走，我不能再让你回台湾了。你牺牲太多了，我要将剩余时间照顾好你。"小青也想留在妈妈身边，但她也非常惦记在台湾的表弟妹们，她与他们有着几十年的感情。

小青几乎天天接到台湾表弟表妹们来的电话和电报。他们说："姐姐呀，你从小把我们带大，吃了那么多苦。现在我们都大学毕业了，你的下半辈子包给我们了。不会让你再吃苦了。快回来吧，我们想你……"

小青很为难也很矛盾，她考虑再三，对母亲说自己还想回台湾，因为那里有将她抚养成人的姑姑和姑父。他们年事已高，需要自己的照顾。还有她相濡以沫三十多年的六个表弟妹，他们还小，她不放心，她舍不得他们。小青的话让沈毅很遗憾。

林义旻也对妈妈说："你要尊重妹妹的意见。她在台湾已经扎根了，不要再把她拔出来种到大陆去，那样彼此都会很痛苦。我们要尊重她的意见，把对她的爱放到今后。"沈毅终于同意了女儿的意见。

小青对母亲说："我虽然和妈妈见面才一个月，但是这份感情是铭心刻骨的。您就把我当做远嫁到台湾的女儿，我会每年来看你的。

小青回了台湾，也带走了母亲的心。沈毅那颗心又重新揪起，好在她看到了女儿知道了女儿这些年的情况，心里总算踏实一些。让她感到担心和遗憾的是女儿这些年来个人的事情一直是个空白，30多岁了还是孑然一身。小青的事情成了母亲心里的遗憾，一直到死都放在母亲心头不能解脱。

小青回台湾后，1984年又到香港和妈妈、少萍姐姐见面。1989年6月，小青带着姑姑林双祝和姑丈来北京看望母亲，此时的沈毅已经中

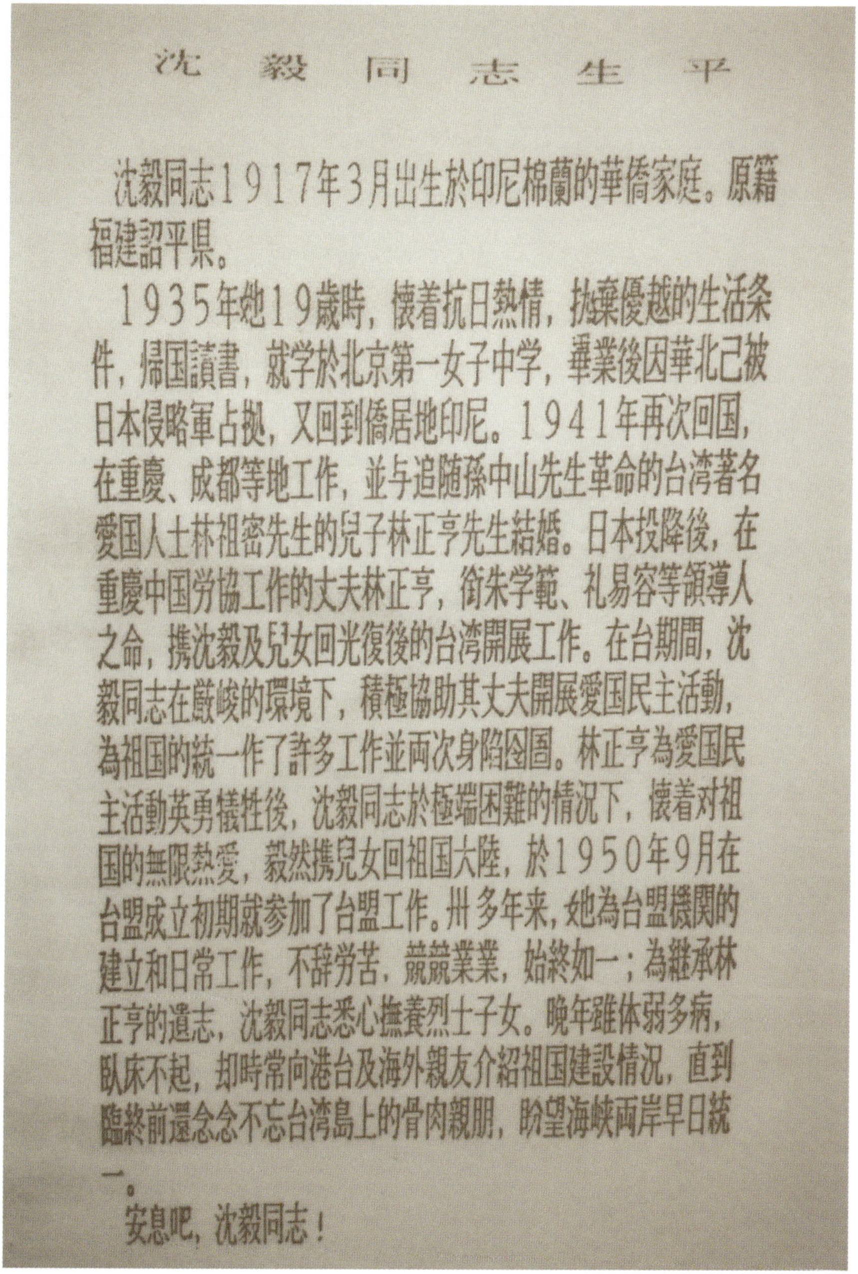

沈 毅 同 志 生 平

沈毅同志1917年3月出生於印尼棉蘭的華僑家庭。原籍福建詔平県。

1935年她19歲時，懷着抗日熱情，抛棄優越的生活条件，帰国讀書，就学於北京第一女子中学，畢業後因華北已被日本侵略軍占拠，又回到僑居地印尼。1941年再次回国，在重慶、成都等地工作，並与追随孫中山先生革命的台湾著名愛国人士林祖密先生的兒子林正亨先生結婚。日本投降後，在重慶中国労協工作的丈夫林正亨，銜朱学範、礼易容等領導人之命，携沈毅及兒女回光復後的台湾開展工作。在台期間，沈毅同志在厳峻的環境下，積極協助其丈夫開展愛国民主活動，為祖国的統一作了許多工作並両次身陷囹圄。林正亨為愛国民主活動英勇犠牲後，沈毅同志於極端困難的情況下，懷着対祖国的無限熱愛，毅然携兒女回祖国大陸，於1950年9月在台盟成立初期就参加了台盟工作。卅多年来，她為台盟機関的建立和日常工作，不辞労苦，兢兢業業，始終如一；為継承林正亨的遺志，沈毅同志悉心撫養烈士子女。晚年雖体弱多病，臥床不起，却時常向港台及海外親友介紹祖国建設情況，直到臨終前還念念不忘台湾島上的骨肉親朋，盼望海峡両岸早日統一。

安息吧，沈毅同志！

▲1989 年 12 月 5 日，沈毅病逝，台盟中央在其生平中给予了高度的肯定，图为《沈毅同志生平》

风瘫痪在床。当小青带着姑姑林双祝见到母亲时，小青的姑姑林双祝跪在了嫂子床前，哭着对嫂子说："保珠，我对不起你和正亨，没照顾好小青，她没上大学，也没有结婚，一直在我们家受穷受苦。"沈毅说："我要感谢你们，是你们把她养大成人，虽然吃了些苦，可还是在自己家里！"小青没有想到这是自己最后一次见到母亲。

1989 年 12 月 5 日凌晨，沈毅脑溢血在北京协和医院去世。台盟总部对她的一生给予了肯定的评价："在台期间，沈毅同志在严峻的环境下，积极协助其丈夫开展爱国民主活动，为祖国的统一作了许多工作并两次身陷囹圄。……于 1950 年 9 月在台盟成立初期就参加了台盟工作。卅多年来，她为台盟机关的建立和日常工作，不辞劳苦，兢兢业业，始终如一。"

家人打电话给小青报丧。她一周办好一切手续，飞抵北京。小青在沈毅的灵台前跪着哭了一个小时。她说："妈妈呀，我找了您半辈子才找到您，刚见了几面，您就不在了，我什么时候才能见到您呀！"那悲恸的哭声，让许多人动容。这生离死别的场景，也让人们感慨林正亨一家那一波三折、扣人心弦的悲喜人生。

第六章 「雾峰精神」爱国爱乡

雾峰林家在台湾人的眼中一直是值得敬重的家族，其对国家的忠诚、对家乡的热爱以及对台湾开发的贡献，将永远彪炳史册！

近年来，海峡两岸对雾峰林家的爱国事迹十分重视，各自以多种形式弘扬雾峰林家的爱国精神。

海峡两岸对雾峰林家爱国志士的纪念活动

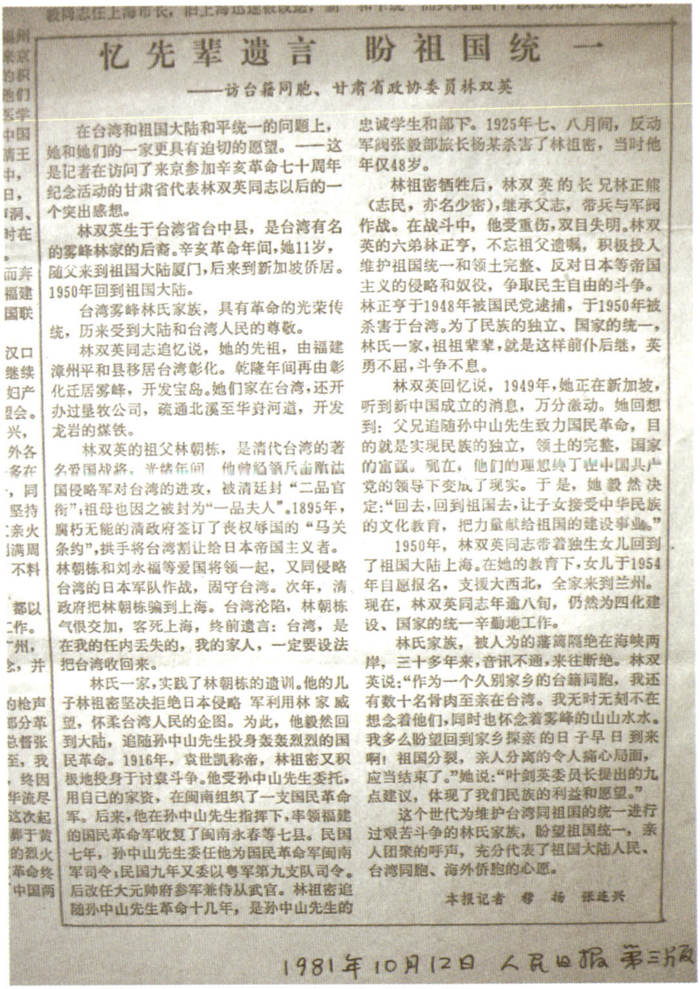

忆先辈遗言　盼祖国统一

——访台籍同胞、甘肃省政协委员林双英

在台湾和祖国大陆和平统一的问题上，她和她们的一家更具有迫切的愿望。——这是记者在访问了来京参加辛亥革命七十周年纪念活动的甘肃省代表林双英同志以后的一个突出感想。

林双英生于台湾省台中县，是台湾有名的雾峰林家的后裔。辛亥革命年间，她11岁，随父来到祖国大陆厦门，后来到新加坡侨居。1950年回到祖国大陆。

台湾雾峰林氏家族，具有革命的光荣传统，历来受到大陆和台湾人民的尊敬。

林双英同志追忆说，她的先祖，由福建漳州平和县移居台湾彰化。乾隆年间再由彰化迁居雾峰，开发宝岛。她们家在台湾，还开办过垦牧公司，疏通北溪至华㘵河道，开发龙岩的煤铁。

林双英的祖父林朝栋，是清代台湾的著名爱国战将。光绪年间，他曾率领兵击败法国侵略军对台湾的进攻，被清廷封"二品官衔"；祖母也因之被封为"一品夫人"。1895年，腐朽无能的清政府签订了丧权辱国的"马关条约"，拱手将台湾割让给日本帝国主义者。林朝栋和刘永福等爱国将领一起，又同侵略台湾的日本军队作战，固守台湾。次年，清政府把林朝栋骗到上海。台湾沦陷，林朝栋气恨交加，客死上海，终前遗言：台湾，是在我的任内丢失的，我的家人，一定要设法把台湾收回来。

林氏一家，实践了林朝栋的遗训。他的儿子林祖密坚决拒绝日本侵略军利用林家威望，怀柔台湾人民的企图。为此，他毅然回到大陆，追随孙中山先生投身轰轰烈烈的国民革命。1916年，袁世凯称帝，林祖密又积极地投身于讨袁斗争。他受孙中山先生委托，用自己的家资，在闽南组织了一支国民革命军。后来，他在孙中山先生指挥下，率领福建的国民革命军收复了闽南永春等七县。民国七年，孙中山先生委任他为国民革命军闽南军司令；民国九年又委以粤军第九支队司令。后改任大元帅府参军兼侍从武官。林祖密追随孙中山先生革命十几年，是孙中山先生的忠诚学生和部下。1925年七、八月间，反动军阀张毅部旅长杨某杀害了林祖密，当时他年仅48岁。

林祖密牺牲后，林双英的长兄林正熊（志民，亦名少密），继承父志，带兵与军阀作战。在战斗中，他受重伤，双目失明。林双英的六弟林正亨，不忘祖父遗嘱，积极投入维护祖国统一和领土完整、反对日本等帝国主义的侵略和奴役，争取民主自由的斗争。林正亨于1948年被国民党逮捕，于1950年被杀害于台湾。为了民族的独立、国家的统一，林氏一家，祖祖辈辈，就是这样前仆后继，英勇不屈，斗争不息。

林双英回忆说，1949年，她正在新加坡，听到新中国成立的消息，万分激动。她回想到：父兄追随孙中山先生致力国民革命，目的就是实现民族的独立，领土的完整，国家的富强。现在，他们的理想终于在中国共产党的领导下变成了现实。于是，她毅然决定："回去，回到祖国去，让子女接受中华民族的文化教育，把力量献给祖国的建设事业。"

1950年，林双英同志带着独生女儿回到了祖国大陆上海。在她的教育下，女儿于1954年自愿报名，支援大西北，全家来到兰州。现在，林双英同志年逾八旬，仍然为四化建设、国家的统一辛勤地工作。

林氏家族，被人为的藩篱隔绝在海峡两岸，三十多年来，音讯不通，来往断绝。林双英说："作为一个久别家乡的台籍同胞，我还有数十名骨肉至亲在台湾。我无时无刻不在想念着他们，同时也怀念着雾峰的山山水水。我多么盼望回到家乡探亲的日子早日到来啊！祖国分裂，亲人分离的令人痛心局面，应当结束了。"她说："叶剑英委员长提出的九点建议，体现了我们民族的利益和愿望。"

这个世代为维护台湾同祖国的统一进行过艰苦斗争的林氏家族，盼望祖国统一，亲人团聚的呼声，充分代表了祖国大陆人民、台湾同胞、海外侨胞的心愿。

本报记者　穆　扬　张连兴

1981年10月12日 人民日报 第三版

◀1981年10月12日，《人民日报》发表文章盛赞林祖密事迹

▼1998 年，厦门台联召开纪念林祖密将军诞辰 120 周年纪念活动的媒体报道

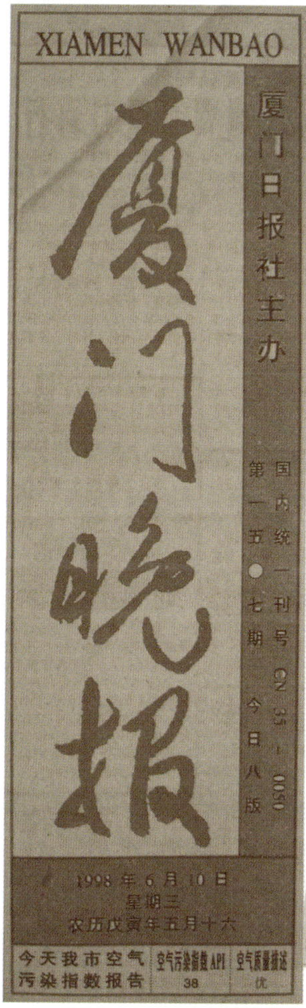

弘扬爱国主义精神 促进祖国统一大业

我市举行林祖密将军诞辰一百二十周年纪念会

本报讯（记者 潘芳奕）今天上午，由厦门市台湾同胞联谊会主办的“林祖密将军诞辰 120 周年纪念会”在人民会堂开元厅隆重举行。有关学者和林祖密将军在台湾、日本、香港、厦门等地的亲属以及我市各界人士共 120 多人参加了纪念会。

林祖密将军是台湾省籍杰出的爱国志士。他在《马关条约》之后，目睹了日本帝国主义残暴的殖民统治，愤而放弃在台的庞大家产，举家迁回祖国大陆，定居厦门鼓浪屿，成为当时第一个声明恢复中国国籍的台湾人。辛亥革命后，林祖密反对袁世凯篡国称帝，毅然投身民主革命，倾数十万家资追随孙中山先生进行反袁护法斗争，被孙中山委以“闽南军司令”、“粤军第九支队司令”、“大元帅府参军”等职，后回福建担任“福建省水利局长”。

林祖密将军爱国爱乡，先后在闽南地区创办多项实业，疏浚河道，赈灾济民，为当地百姓所称颂。1925 年 8 月，年仅 48 岁林祖密不幸被军阀杀害。

纪念会回顾了林将军“爱台湾、爱祖国”革命的一生，颂扬了他在民主革命中的光辉业绩。与会的林祖密将军在台亲属表示，弘扬林祖密将军的爱国主义精神，继承台湾同胞的爱国主义传统，对于促进祖国统一有着重大的意义。

13 处文物列入市级保护

6 处文物点落选第五批保护名单

本报讯（记者 龚小莞 实习生 谢家林）

▲海内外林祖密将军后人在北京发起创立林祖密将军纪念馆

▼林祖密将军诞辰120周年纪念会，海峡两岸雾峰林家后人与主办单位领导合影

▶原台湾光复致敬团后人向黄帝陵献上美酒“台湾红”

▼1965年，中国国民党中央党部举办悼念林祖密将军活动，向雾峰林家赠送“忠烈永式”牌匾

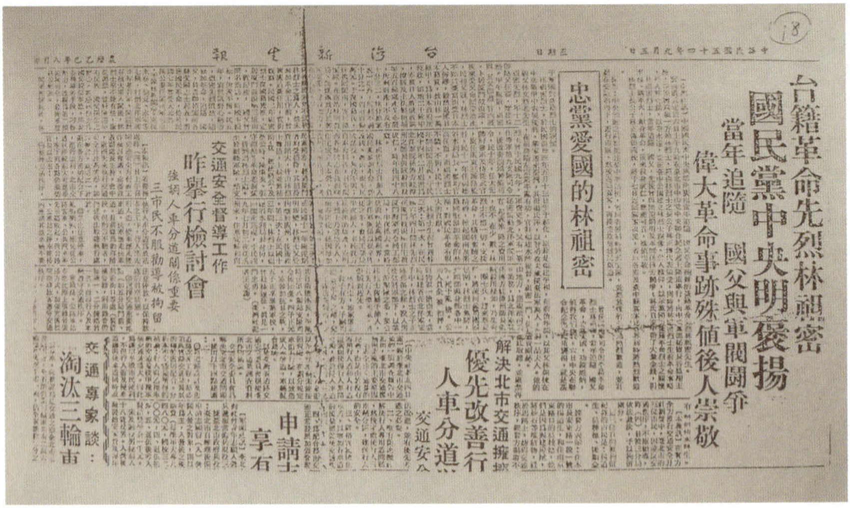
台灣新生報

台籍革命先烈林祖密
國民黨中央明令褒揚
當年追隨 國父與軍閥鬭爭
偉大革命事跡殊值後人崇敬

忠黨愛國的林祖密

交通安全督導工作
昨舉行檢討會
強調人車分道關係重要
三市民不服勸導被拘留

解決北市交通擁擠
優先改善行人車分道

交通專家談：
淘汰三輪車

▲1965年，台湾报纸报道褒奖林祖密将军的活动

▲2005年，雾峰林家“两厝”后人回祖籍地漳州平和县埔坪村林家祠堂共同祭奠先人

▲ 2010 年 10 月，台北举办纪念台湾光复 65 周年图片展。图为国民党主席马英九观看展览，停留在抗日英烈林正亨图片前

▲ 2013 年 12 月 31 日，台湾抗日亲属协进会创会会长林光辉（左），代表雾峰林家向中国人民抗日战争纪念馆捐赠了先辈林朝栋的两块功名牌，以及 1874 年日本侵台时，台湾排湾族群御敌时所使用的弓箭等文物

▲坐落在厦门海沧的台湾爱国志士林祖密雕像

围绕雾峰林家的史料研究和文艺创作

2005年10月25日，厦台史料馆正式开馆，同时举办《台湾同胞的抗日活动》的主题图片展，纪念台湾光复60周年。其中展出了雾峰林家抗日的部分史料。

2004年，由海峡两岸影视明星联袂主演、反映雾峰林家爱国事迹的电视剧《沧海百年》，在中国中央电视台一套黄金时段播出，并创下回放四次的纪录，引起了大陆民众对雾峰林家的普遍关注。

这部电视剧通过讲述台湾最富传奇色彩的百年望族雾峰林家四代人垦殖宝岛、保卫宝岛、爱国爱乡的悲壮历程，展现了两岸人民同根的血肉情缘，再现了中国人民的台湾垦荒史、创业史和爱国史。

▲2008年9月1日，中国社会科学院台湾史研究中心、河南大学、北京联合大学台湾研究院和台海出版社在河南开封联合主办《林献堂、蒋渭水台湾历史人物及其时代学术研讨会》

▼中国社会科学院副院长、台湾史研究中心理事长朱佳木教授（中）在开幕式上致辞（左为全国台联会长梁国扬，右为中国社科院台湾史研究中心主任张海鹏）

▲雾峰林家代表（左一、右二）与台湾著名学者王晓波（右三）、中国社科院台湾史研究中心主任张海鹏（左三）及林正亨之子林义昱（右二）合影

▶反映雾峰林家四代百年史的电视连续剧《沧海百年》2004年在中国中央电视台一套黄金时段播出，此为发行时的剧照

▲台湾出版的关于雾峰林家的各类书籍

▲2009 年，大陆第一次出版以雾峰林家为题材的传记文学《雾峰林家》（作者：王颖）

▲1986 年，台湾出版《雾峰林家》（作者：麦斯基尔）

大陆老台胞赴台交流团组参访雾峰林家

▲2009 年 4 月 5 日，大陆老台胞返乡谒祖文化参访团在雾峰林家合影（前排右三为团长、全国台联创会会长林丽韫，右一为原台盟总部副主席田富达，左四为著名日文翻译家台盟政研会委员陈弘）

▲2009 年 6 月，海协会常务副会长郑立中（前排左五）及随行人员，在重建后的雾峰林家大花厅前与林家后人合影

▲2010 年 2 月 3 日，全国台联会长梁国扬（中立者）一行在林家后人陪同下，参观雾峰林宅

海峡两岸名人为雾峰林家题词

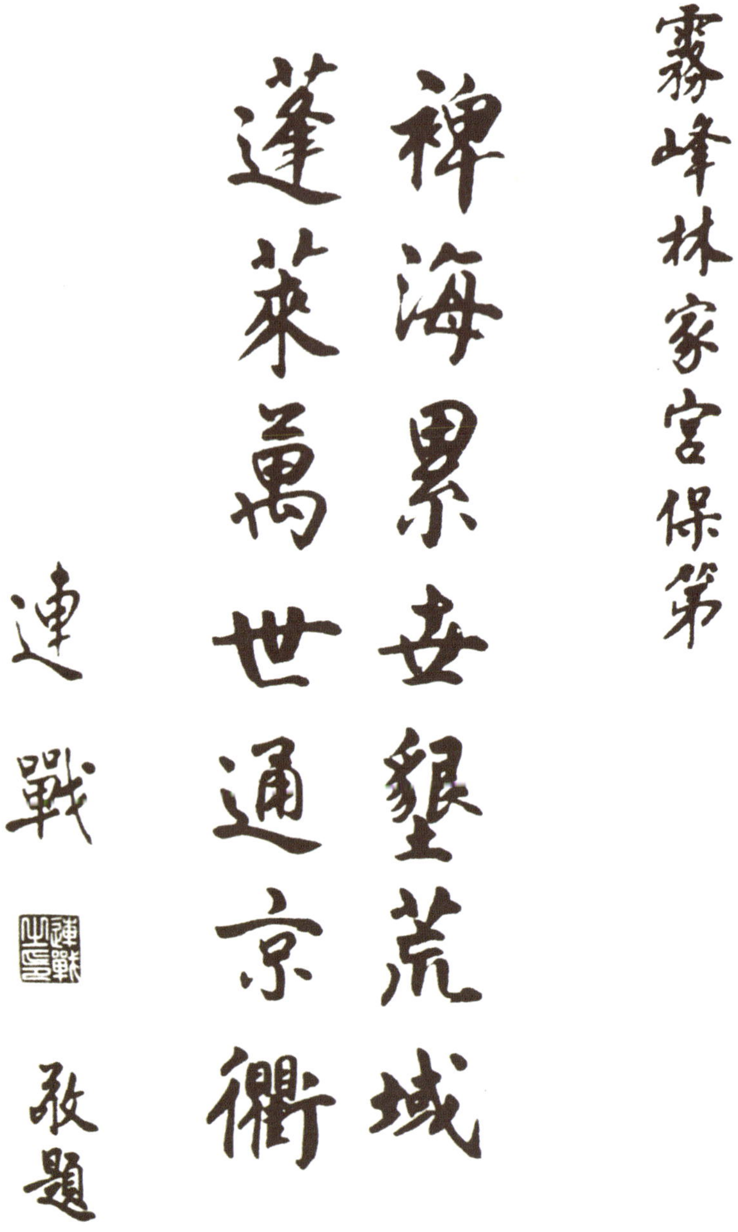

▲连战题词

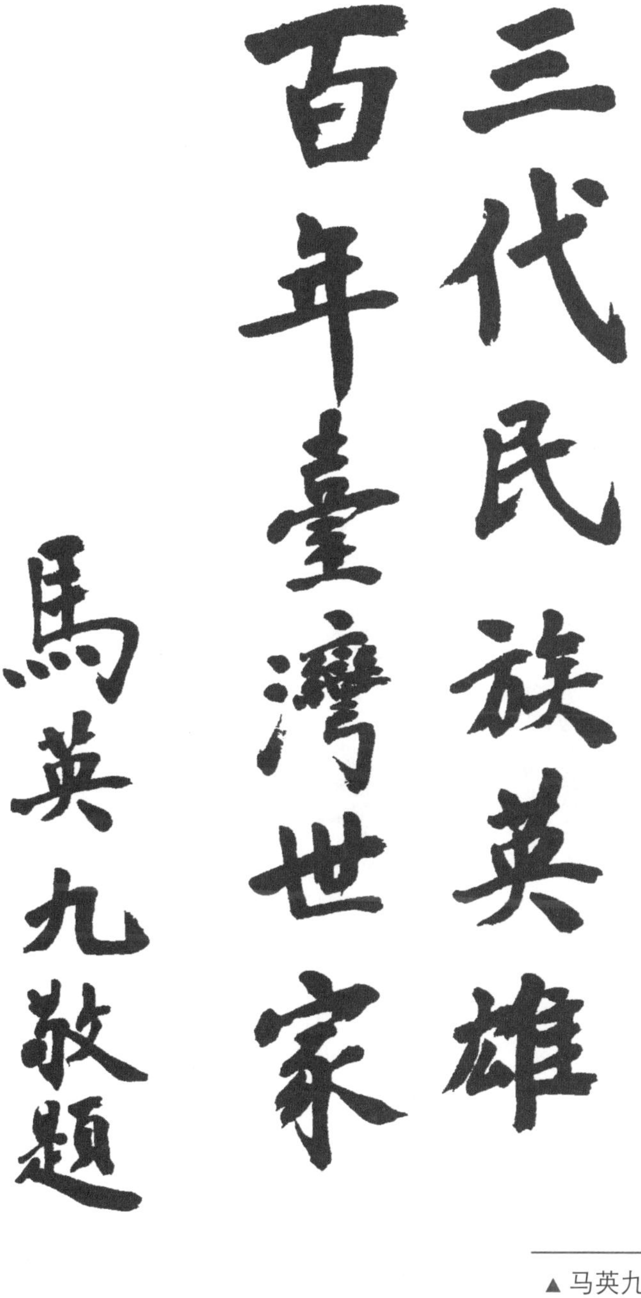

▲马英九题词

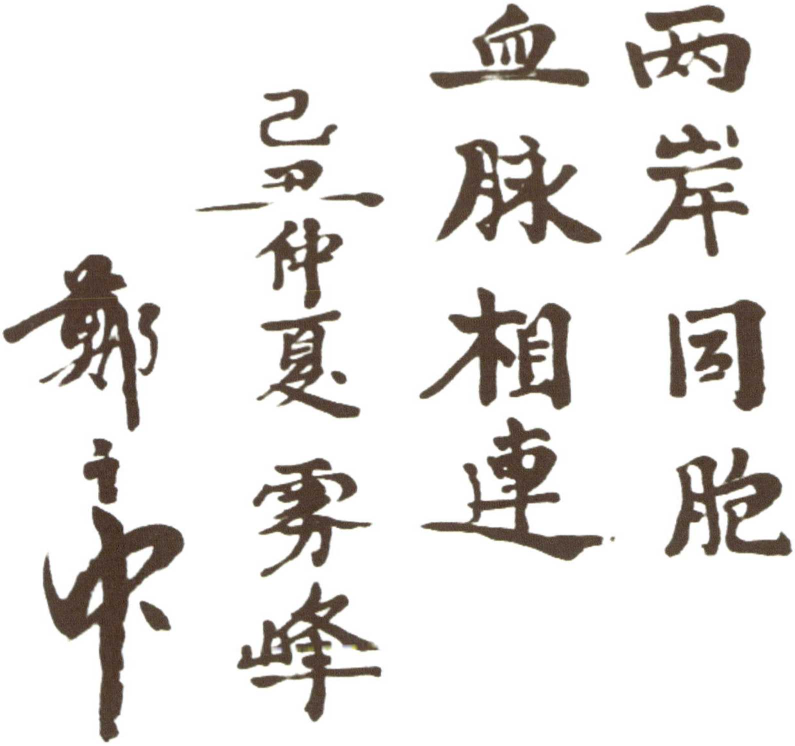

▲海峡两岸关系协会常务副会长郑立中为雾峰林家题词

雾峰林家古建筑风貌

雾峰林宅是位于台中市雾峰区民生路及莱园路的园林与宅邸建筑群总称。包括下厝、顶厝以及莱园三大部分共九个建筑群落组成。总面积约 11000 平方米，从北到南宽 280 多米。1858 年开始兴建，经过林家各代子孙不断增修扩建，容纳了漳、泉、福州的传统建筑风格以及西洋的建筑艺术特点，成为台湾目前保存得最完整、最庞大、最精致的古建筑群。古建专家李乾朗曾说：“从面积、面宽、人才鼎盛三项条件来看，雾峰林家都足以登上‘台湾第一’。”台湾史学家黄富三教授说：“雾峰林宅是台湾规模最大的官宅建筑，不但雕梁画栋，还有许多名人题字，建筑本身就具有极高的艺术价值。”

顶厝和下厝的建筑风格不尽相同，学者专家们称：下厝建筑风格尚武，顶厝建筑风格崇文。

下厝自北向南依次为草厝、宫保第、大花厅、将军府、二十八间。一般传统宅第都选择坐北朝南，而林家当初选择坐东面西，面向大陆，寓意林家世代效忠祖国中央政府。清同治皇帝亲题对联“文朝资正义武德在奇功，大鼎铭昭著　元常纪伟庸”。自林文察始，下厝以此 20 字论辈。

顶厝包括景薰楼、蓉镜斋、颐圃等建筑。为林甲寅次子林奠国族支宅第。自同治年间起至日据时期经多次增修，衍生出许多不同风貌的建筑，也注入不同时期的建筑风格。景薰楼是顶厝最具代表性的建筑。1864 年，由林奠国开始兴建，1899 年完成。景薰楼群由三大落四进式院落组成，依山而建，错落有致，层次分明，与宫保第的质朴相较，景

▼雾峰林家莱园一景——五桂楼

薰楼的设计显得花样繁复，色彩搭配鲜艳。

莱园为依山傍水的自然山水园林，具有江南园林的艺术风格。充分利用了自然景观，把建筑艺术同自然风光完美地揉和在一起。是林家族人散步休闲的花园，也是栎社（台湾日据时期三大诗社之一）、台湾文化协会夏季学校的活动场所。1965 年，明台高级中学迁入此园办学。

1999 年“9•21 大地震”时，雾峰林宅几乎全部震毁，台湾最重要的建筑史迹群落一夕消失。有鉴于雾峰林宅的历史意义及重要性，在许多学者、林家族人及地方人士的奔走下，台湾有关部门拨款数亿元新台币重建。经过震后十余年的筹备重建，部分工程已经完工，台湾百年世家雾峰林宅即将风华再现，迎接来自海内外的观光游客，同时带动台中市文化观光产业的发展。

▶台湾台中市雾峰林家“宫保第”大门照片

▲清同治皇帝为林家亲书“宫保第”

▼雾峰林家门神

▲鼓浪屿“宫保第”黑楼旧观

▼雾峰林家大花厅大戏台修缮后的照片

大鼎銘昭著元常紀偉庸
鑪香靜對十三经

▲雾峰林家大花厅

雾峰林家院宅

后记

POSTSCRIPT

近年来，海峡两岸对雾峰林家的爱国事迹十分重视，各自以多种形式弘扬雾峰林家的爱国精神。林正亨承袭了前辈的武德遗风和台湾人民爱国爱乡精神，以满腔热血谱写了一曲荡气回肠、感人肺腑的动人篇章。

2015 年是中国人民抗战胜利 70 周年和台湾光复 70 周年，也是林正亨诞辰 100 周年。为纪念革命烈士林正亨，台盟中央宣传部、台海出版社共同策划，编辑出版了《林正亨画传》。

在本书的编辑过程中得到了国务院台湾事务办公室新闻局热情的支持和指导，林正亨长子林义旻（林为民）先生提供了大量文字、图片及影视资料，在此一并感谢。

台盟中央宣传部

台海出版社

2015 年 3 月 26 日